ちくま学芸文庫

台湾総督府

黄昭堂

筑摩書房

台湾総督府【目次】

図1　台湾全図

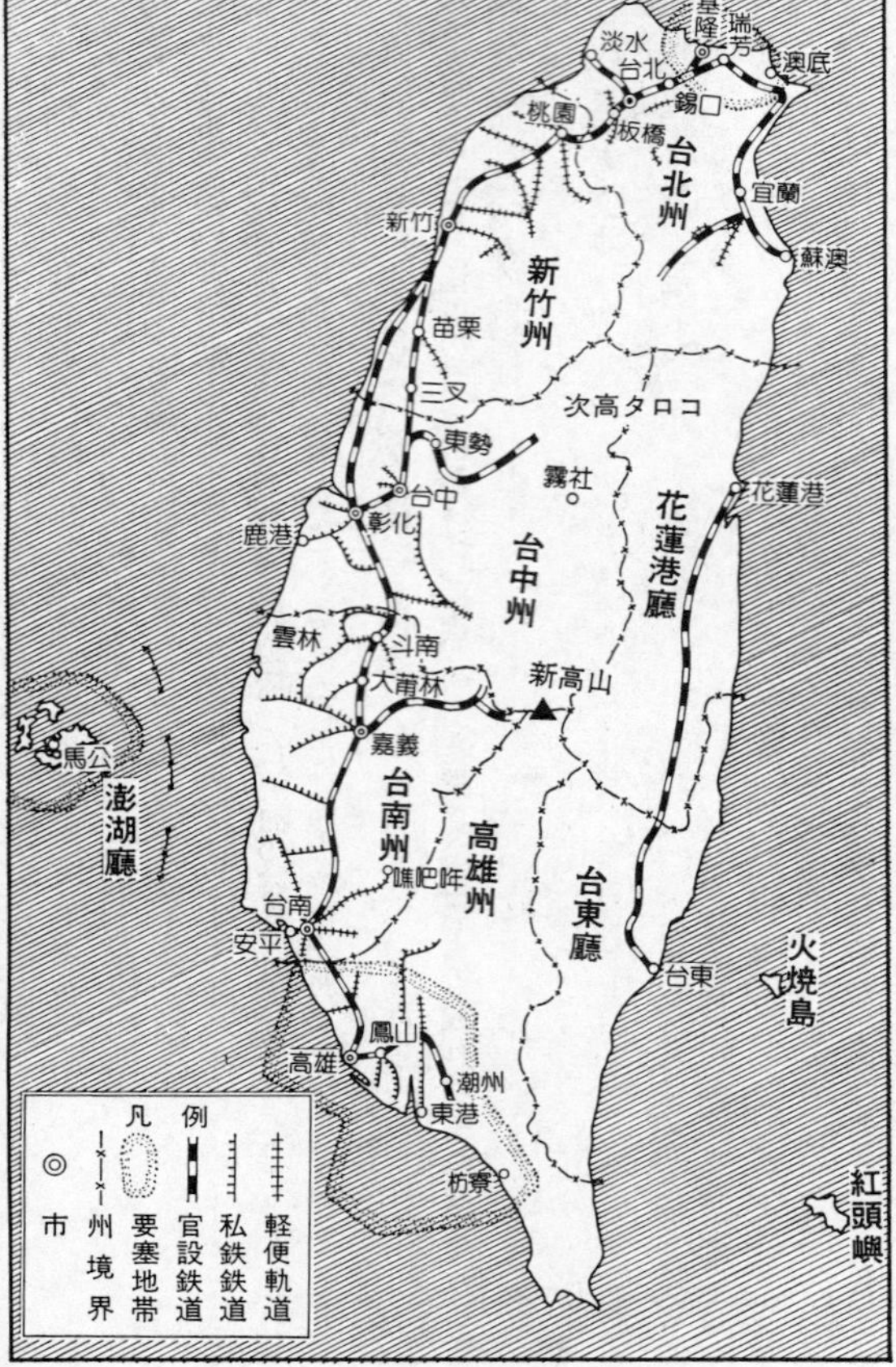

基隆
瑞芳
淡水
台北
澳底
鍋口
桃園
板橋
台北州
宜蘭
新竹
蘇澳
新竹州
苗栗
三叉
次高タロコ
東勢
霧社
台中
花蓮港
彰化
鹿港
花蓮港廳
台中州
雲林
斗南
新高山
大莆林
嘉義
馬公
澎湖廳
台南州
高雄州
噍吧哖
台東廳
台南
安平
台東
火焼島
鳳山
高雄
潮州
東港
枋寮
紅頭嶼
凡例
市
州境界
要塞地帯
官設鉄道
私鉄鉄道
軽便軌道

台湾総督府

はじめに

最近、米国でなされた世論調査によれば、フィリピンが米国の植民地であったことを知らない米国市民は、三割を越えているという。

日本において、類似の調査がなされたかどうかは詳らかにしないが、日本帝国が台湾を植民地として、半世紀にわたって支配したことを知らない日本人が着実にふえていっていることは、疑いのない事実である。日本における歴史教育は、台湾にふれることが少なく、年間三万点ちかくの新刊書がはきだされるこの国において、台湾に関する書籍はほとんどみあたらないのは奇異でさえある。

それに、最近刊行されたある学術書は、「日本の植民地」を主題として冠しているにもかかわらず、朝鮮支配と中国侵略の叙述に終始し、台湾を素通りしている。本書はいわば、忘却の彼方におしやられている台湾を、人びとの視野に引きもどす試みのひとつである。

筆者にあたえられたテーマは「台湾総督府」である関係上、絶大な権力をもつ台湾総督と、その下にあって民政をつかさどる民政長官の背景や任免の経緯についての記述が必要であり、それが故に、本書はいささか政治史的な性格を持っている。当然ながら、台湾人の抵抗運動についての叙述も不可欠である。また、日本帝国は卵ばかりをむさぼったり、鶏まで殺してしまったわけではない。日本帝国は、より多くの卵を得るために、台湾という鶏を肥らせようと努力したことは事実であり、したがって、台湾の建設がいかに進められたかも検討されるべきである。かくて、この小冊子により多くのことを盛り込もうとした結果、雑然とした内容になってしまったのではないかと、筆者はおそれる。

由来、「植民地統治史」は第三者、旧植民地支配者、旧植民地人というふうに、それぞれの立場によって見方が変わってくるだろうし、また、直接の体験者とかれらの子孫とではちがってくるうえに、それぞれの思想、経験、性格によって相違もでてこよう。

筆者は一三歳まで日本帝国の植民地人としてすごしたが、年齢的には体験者と「子孫」との狭間にある過渡的存在であり、本書の叙述に資する体験は豊富だとはいえない。したがって、もし本書に体験まがいの記述があるとすれば、それは、あるいは筆者が長じて見聞したことを、無意識裡に「体験」に組みいれたものであるかもしれない。

本書には、筆者の調査不足による誤謬が多々あろう。台湾総督府時代の人たちも相当数生存しているし、また、数こそ少ないが、台湾研究の専門家ならびに、徐々に出始めている新進気鋭の研究者も、あるいは目を通してくださるかもしれない。諸氏のご叱正を仰ぎたい。

最後に、蔵書を自由に閲覧させていただいた玉山学舎、また、本書の出版を企画され、かつ編集の労をとられた松岡幸雄氏、五味和枝氏にたいへんお世話になったことをここに記し、深甚なる感謝の意を表したい。

一九八一年

旗の台研究室にて

黄昭堂　識す

第三刷に寄せて

本書の刊行以来、おおぜいの方々からご意見、ご教示のおことばが筆者に寄せられた。なかんずく、鈴木淳一、若林正丈、王育徳、渡利健夫の諸氏は、本書を丹念にチェックされ、さまざまな角度から、また細部にわたって筆者の誤記、誤謬をご指摘くださった。諸先生方のご厚情に深甚なる感謝の意を表したい。

第三刷の刊行にあたり、数々のご指摘、ご教示をふまえたうえで、訂正させていただいた。

一九八三年

旗の台研究室にて

黄昭堂　識す

序章　日本と台湾

基隆上陸直後，台湾総督府庁舎として利用した基隆海関

台湾獲得

一八九四年（明治二十七）から九五年にかけての日清戦争は、朝鮮の宗主国としての既得権益を固守しようとする大清帝国と、朝鮮の内政紊乱《びんらん》に乗じて朝鮮に触手をのばそうとした日本帝国との「仁義なき戦い」であった。けっきょく、阿片戦争以来、衰弱の一路をたどってきた老大国である大清帝国は、新生の日本に敗れ、両国は一八九五年（明治二十八）四月十七日に日清講和条約、いわゆる下関条約（馬関条約）を締結し、ようやく終戦をみるにいたった。

この条約によって、日本は遼東《りようとう》半島と台湾との割譲を受け、賠償金二億両《テール》（三億円）のほか、かずかずの特権を清国から得た。ただし遼東半島の割譲については、露独仏三国の干渉によって、日本はそれを有償で清国に返還することが、条約発効前から予定されていたため、日本は新領土として、台湾を獲得するにとどまった。

日清戦争は朝鮮をめぐる争いであり、開戦時における日本帝国の戦争目的は、清国に朝鮮の独立を認めさせ、日本が朝鮮の地に確固たる地歩を築くことにあった。それがなぜ、台湾を領有するにいたったのであろうか。

すでに日清戦争に先だつこと二〇年も前の明治七年（一八七四）、日本帝国は、台湾住民が台湾に漂着した琉球官民を殺害したことを理由にして、台湾に出兵し、結果のいかんによっては、台湾の一部を領有しようとはかったこともあったが、結果的にはそれを達成しえなかった。その後もしばしば台湾占有の論議がなされ、たとえば竹添進一郎天津領事は露清開戦を予測して、明治十三年に台湾領有を建議し、清仏戦争(一八八四年)のさいには、花房義質《はなぶさよしもと》駐露公使も同様の建議を具申している。だが、いずれも実を結ばなかった。明治二十七年八月、日清戦争の緒戦で勝利をおさめると、これに乗じて、海軍部内で台湾領有論が頭をもたげた。

これは海軍教授をへて、目下のところ大本営属であった中村純九郎が「台湾島占領に関する建議」を樺山資紀《かばやますけのり》に提出して、採択されたことに由来する。樺山は琉球官民殺害事件発生後、前後三回、計八か月をついやして台湾全域を踏査し、台湾出兵のさいにも従軍した経験をもち、台湾の重要性に気づいていた。したがって、台湾を占領すべしとする中村の建議を受け入れる素地があったわけで、その樺山が海軍軍令部長として帷幕に参加していたことにより、台湾領有が帝国の方針に加えられたのである。

緒戦で勝利をえた日本軍は、九月中旬の黄海《こうかい》海戦、成歓・平壌陸戦でも大勝を博し、破竹の勢いで清国境にせまった。これをみて、清国対外貿易の六五パーセントを占める英国は、戦火が天津・上海におよぶのを恐れ、十月八日、日清両国に調停を申し入れた。

これに対応して、陸奥外相は即日、三つの講和案を作成して伊藤総理に提出した。甲案は旅順・大連の対日割譲、乙案は台湾の対日割譲、丙案は清国側からの条件提示を待つ、一にとどまっていた。この時点では、遼東・台湾の一括割譲要求まではいたらず、二者択一にとどまっていた。

しかるに、日本軍は十一月七日に大連を、二十二日に旅順を占領して、北洋陸海軍を壊滅に瀕《ひん》せしめた。翌二十八年二月中旬には威海衛《いかいえい》を占領、その勝利はとどまるところをしらず、冬期あけを待って、首都北京を衝く勢いであった。

戦勝気分の横溢《おういつ》するなかで、獲得すべき獲物について、陸海軍のあいだで意見がわかれた。

陸軍は、将兵が鮮血を流した遼東半島をとることを主張し、遼東の獲得は北京ののどもとをおさえ、朝鮮の背後を撫す効果があり、今後、大陸政策を展開するのに好都合である、とした。これにたいして海軍は、台湾は東洋と南洋の交わる要衝の地であり、図南《となん》の飛石としても、南門の鎖鑰《さやく》としても、また東洋の保障としても必要であり、遼東半島のごときは、清国をしていったん朝鮮に譲与させ、折をみて、日本がさらに朝鮮から借り受けたらよい、という意見であった。

こうして陸海軍の意見はなかなかまとまらなかったが、戦場での日本軍のあいつぐ勝利が、かわってこれを解決した形になった。日本帝国政府は要求を拡大し、四月一日、日清講和会議の席上で清国側に、遼東・台湾両地の割譲要求をふくめる講和条約案を手渡したのである。

日本の領土拡大とその破綻

台湾を皮切りに、日本は日露戦争によって南樺太を、併合によって朝鮮を、「開発」の名目で新南群島《スプラトレー》を植民地として獲得した。また、日露戦争によって関東州を租借地として譲り受け、第一次大戦によって南洋群島を委任統治するようになった。

日本帝国の領土拡大は、つぎの経過をたどっている。

表1　日本帝国領土の拡張状況

（植民地）	（獲得手段）	（獲得年度）	（面積／㎢）
台湾	日清戦争	明治二十八年	三五九六一
南樺太	日露戦争	明治三十八年	三六〇九〇
関東州	日露戦争	明治三十八年	三四六二
朝鮮	併合	明治四十三年	二二〇七八八
南洋群島	一次大戦	大正　九年	二一四九
新南群島	「開発」	昭和　十四年	―
〈計〉			二九八四五〇

こうして、日本帝国は昭和十四年までに、本国――約三八万平方キロメートル――にほぼ匹敵する新しい領土を獲得したのである。

法制上、日本帝国本来の領土は「内地」、日本本国人は「内地人」と定められ、一般用語としても、日本本国人のあいだでこの呼称が用いられた。これにたいして、植民地を指す用語として、「外地」ということばがつくられた。しかし、「外地人」ということばはない。植民地人は地域別につぎの呼称がつけられ、いずれも、法的用語であるほかに日常用語であるとされた。

朝鮮にあっては「朝鮮人」、台湾にあっては「本島人」および「蕃人《ばんじん》」、関東州にあっては「支那人」、南洋群島にあっては「島民」と称し、従来の樺太土着民は「土人」とする（清宮四郎『外地法序説』38頁）。

日本の領土的拡張は以上にとどまったが、日中戦争の過程において、日本は満州をはじめ、中華民国の一部を占領し、それぞれの地に満州帝国と中華民国国民政府（汪兆銘の南京政府）などを置き、第二次大戦中にはさらに南洋一帯を占領して軍政をしくなど、その支配圏を拡大していった。しかし、第二次大戦で敗戦したため、日本はこれら支配圏や植民地から追われたのみか、自国領土たる全千島をソ連にとられ、北海道、本州、四国、九州の四大島と若干の島々に逼塞《ひっそく》することになった。

台湾人意識の形成

外来者による台湾支配は日本が最初ではなく、一七世紀のオランダを皮切りに、スペイン、鄭《てい》氏王朝、清国があり、そして日本のあとを受けて中華民国がつづく。台湾住民は原住民たる高砂族と一七世紀以降から増加した漢族系移民とによって構成されるが、人口的には高砂族が少なく、最初の本格的人口調査(一九〇五年)によると、高砂族は一一万三一九五人で、台湾住民の三・七パーセントを占めるにすぎない。両者の関係はいたって悪く、漢族系住民同士にしても、言語の差異、交通機関の未発達による交流の欠如により、抗争がひん発し、「台湾人」として一体化することができなかった。

しかし、それでも漢族系住民にかぎっていえば、鄭氏王朝時代以降、満州人王朝たる清国への抵抗によって台湾に移ってきた人びとがかなりいたため、住民相互間の不和・抗争にもかかわらず、連帯意識にちかい感情が、そこはかとなくあったであろう。

台湾住民がみずからを「台湾人」として明確に意識するようになったのは、日本の支配下に入ってからのことである。この時代、支配者はいかなる角度からみても、明白に異民族であり、植民地支配当局もそれを隠そうとはしなかった。日本の台湾支配がはじまった初期においては、一部の台湾住民が台湾の独立をさけび、抗日ゲリラが南北に転戦して連帯意識を高めた。また後期には交通の発達によって住民間の往来が容易になり、こうして

「台湾人」としての共同意識が成長していった。もちろん、このばあいの「台湾人」とは、「日本人」に対応するものであり、漢族との種族的きずなは断ち切られていない。

だが、それが「台湾人」の形をとって、「中国人」の形をとらなかったのは、つぎの理由による。

第一に、日本の台湾占領をまえにして、もしくは占領後の国籍選択（後述）によって、台湾にとどまりたくない者は台湾を去り、台湾に愛着をもつ者だけが残った。

第二に、大陸において、「中国人意識」が形成されたのは、中華民国樹立以降のことであったのにたいして、台湾の人たちは、すでにその十数年前に日本の支配下に入っており、両者は共通の体験をもちえなかった。

第三に、台湾は工業化したが、中国地域は依然として農業社会にとどまっており、それにともなう生活様式の相違が、意識上の乖離《かいり》をもたらせた。

第四に、植民地という一定の枠があるにせよ、台湾に「法と秩序」がもたらされたが、中国地域では同期間をとおして軍閥割拠に戦乱が加わり、統一国家が名実ともに成立したのは一九五〇年代に入ってからである。

第五に、清国朝廷から孫文の革命勢力にいたるまで、さらに辛亥《しんがい》革命後、歴代の中華民国政府はいずれも、自分の権力の強化をはかる目的で日本帝国の意を迎えることに汲々とし、台湾住民の闘争を孤独なものにした。台湾住民は総督府という支配の鋳型のなかにあって、闘争と同化の混在で、時を刻んでいった。

こうして日本時代に、「台湾人」としてのアイデンティティ(共同意識)が形成されていく。注意すべきことは、高砂族にも台湾人としての芽が育ちつつあったことであり、この問題はのちに触れるであろう。

日本離脱後の台湾

第二次世界大戦敗戦後の日本には連合国軍が進駐したが、昭和二十六年には独立を回復した。

台湾は、戦時中重慶に逼塞《ひっそく》しつづけていたもうひとつの中華民国国民政府、ぞくに国府、国民党政権、蔣政権と称される集団の占領下におかれた。蔣政権による台湾占領は連合国による日本占領と同性格のものであるが、日本占領のばあいと違って、いまもつづいている。蔣政権は台湾を中華民国の一部とする併合手続きをとったが、それは千島についてソ連がとったのと同様の一方的な国内手続きであって、条約上、つまり国際法上の根拠はない(拙共著『台湾の法的地位』を参照されたい)。台湾人にとって、植民地としての被支配構造は変わっていず、たんに支配者が変わっただけである。

いっぽう、台湾に逃げ込んだ中華民国政府と一九四九年に中国大陸において成立した中華人民共和国政府は、相互に相手の法的存在を認めず、いずれも「中国の正統政府」たることをあらそって譲らない。かくて、中華人民共和国は台湾を「中国」、つまり中華人民共和国の領土であると主張し、いわゆる「台湾解放」をめざしている。

ところで、台湾総督時代に形成された「台湾人意識」は、「台湾民族」形成への胎動であったが、漢族との絆を断つにいたらなかった。日本帝国が台湾を圧制下においていたこの時代に、漢族の国、中華民国は台湾人を支援せずとも、台湾での圧制とは無関係であり、加害者ではなかったからである。だからこそ、日本帝国に代わって、中華民国が台湾を占領したときには、これにたいする抵抗運動はなく、むしろ期待さえかけたのである。

ところが、台湾人がそこにみたのは、台湾総督府に劣らない圧制に加えての汚職腐敗であった。かくて、中国および中国人への袂別を意味する台湾民族論が加速していく。そして、それは、中国と袂別して台湾共和国の樹立を目的とする、台湾独立運動に具現することになる。

支配者変われど…

台湾は現在、蔣政権の統治下にあるが、その支配構造はかつての日本のそれとあまりにも似かよっている。

たとえば、日本帝国は台湾統治を確立するために、数万の台湾人抗日運動者を殺害したが、蔣政権も終戦直後の一九四七年、反圧制に立ち上がった台湾人の抵抗運動である

「二・二八事件」にたいして報復を加え、数万人の台湾人を虐殺した。

日本帝国は「一視同仁」を旗印にしながら、台湾人に参政権を与えなかった。蔣政権は台湾人を「同民族」「同胞」と規定しながら、台湾で総選挙をおこなうのを恐れ、その国会は一九四八年以来、全面的改選をしていない。

日本帝国は最後の数年になってから、台湾人を軍隊に入れたが、それよりも早くから台湾人を犬馬に劣る軍夫に徴用した。蔣政権は最初から台湾人を軍隊に入れて「くれた」が、それをもっとも危険度の高い大陸沿岸諸島、金門、馬祖に配備している。

日本帝国はその支配後期に、台湾語の弾圧にのりだし、蔣政権も、後期には台湾語バイブルの没収にみられるように、台湾語の弾圧にのりだした。

もちろん、日本帝国が台湾人の政治結社をあるていど認めたのにたいして、蔣政権はまったく認めなかったこと、日本帝国はほとんど台湾人を起用しなかったが、蔣政権はあとになってからあるていど起用していること、日本は明治二十八年から翌年にかけて、それに日露戦争中、台湾に戒厳令をしいたが、蔣政権は一九四九年以降、今日にいたるまで戒厳令をしきつづけてきていることなど、若干の相違はあるが、類似の点があまりにも多い。

台湾を支配したこの両者には、共通のルールがあるとみるべきではないだろうか。だがいずれの時代も、台湾人は圧制を受けながらも、たくましく成長していっている。

台湾の首府台北市の中心に、あたりを威圧する、赤煉瓦造り五階建てに高塔を配した、壮大な建物がそびえ立っている。これが明治四十五年に起工し、二八〇万三三三八円を費やして大正七年に完成した台湾総督府庁舎であり、台湾植民地支配のシンボルでもある。その二階中央正面の部屋に歴代台湾総督が鎮座し、台湾人を睥睨《へいげい》した。昭和二十年の十月に、日本帝国最後の台湾総督は丸腰のまま、ここから立ち去った。あれから三五か年の歳月が流れているが、台湾総督府の建物は依然としてそこに立っている。外観はいささかも変わっていない。支配の内容もほとんど変わっていない。変わったものがあるとすれば、建物の周辺に得意気に顔を出している旗幟《きし》が日章旗から青天白日旗に、そして看板が「総督府」から「総統府」に書き換えられたことくらいであろう。台湾における現在の支配形態を思いくらべながら、本書を読みすすんでいただきたいものである。

1 台湾領有

日本軍を迎え撃つ台湾人ゲリラ
（『台湾征討図絵』より）

緊迫下の授受手続き

樺山全権の任命

明治二八年（一八九五）五月八日、日清講和条約の批准交換が完了し、台湾は法的に日本帝国の領土になった。伊藤総理は五月十日に海軍軍令部長樺山資紀《かばやますけのり》を海軍大将に昇進させ、台湾総督に任命するとともに、台湾陸軍軍務司令官および台湾接受全権委員に任命し、衆議院書記官長在任中に台湾授受弁理公使に起用された水野遵《みずのじゅん》を五月二十一日に台湾総督府民政局長心得に併任した。

ところで、それまで植民地統治経験のなかった日本は、いざ台湾を領有するにあたって、ただちに沿用すべき政策も法令をも有していなかった。そこで明治政府は日清講和会談の最中に、お傭い外人に委託して新領土の統治策を研究させ、樺山や水野ら数少ない「台湾専門家」を論議に加えさせた。その成果をもとに、伊藤博文総理は樺山総督の任命にあたって、「赴任ニ際シ政治大綱ニ関シ訓令ノ件」（爾後『政治大綱』と略す）と題する施政方針を訓示した。「政治大綱」は時期的に緩急の違いこそあれ、結果的には、その後五〇年にわたる台湾総督の権力を規定している上で重要な意味をもっている。

政治大綱

「……詔命ヲ奉承シテ左ニ大綱ヲ開示ス其《その》意専ラ貴官ノ重任ノ執行ニ資セントスルニ存シ固《もと》ヨリ貴官ヲ制肘《せいちゅう》セントスルニアラサルハ亦《また》弁ヲ俟《ま》タサル所ナリ若夫《もしそ》レ将来予知スヘカラサル事情生シ而《し》カモ其性質急激ニ属シ政府ニ電稟シテ命ヲ待ツ暇ナキ場合アラハ貴官ハ本訓令ノ明文ニ適合セスト思料セラルルモノト雖《いえど》モ臨機専行シテ後其顛末ヲ報告スルコトヲ得」（『日本外交文書』第二八巻第二冊、533頁）。

樺山資紀

この訓令は、樺山総督をして、そのつど本国政府にいちいち請訓せずとも、臨機応変に措置をとることを可能たらしめた。それだけではない。植民地法制が整備されてからも、「政治大綱」のこの段は脈々と受け継がれたのである。

割譲反対にわく台湾へ

日清講和条約は台湾の対日割譲に関連

して、「日清両国政府ハ本約批准後直チニ各一名以上、委員ヲ台湾省へ派遣シ該省ノ受渡ヲ為スヘシ」（第三条）と規定している。すでに講和談判開始以前に、日本の台湾割譲要求が台湾に流言として伝わっており、これに反対する機運がみられた。いままで台湾を統治してきた清国が委員を台湾へ派遣し、台湾島内で主権移交手続きをおこなえば、日本としては不要の紛争、騒擾《そうじょう》にまきこまれることなく、台湾を接収することができると計算した条項である。

日本側の全権委員は樺山総督、そして弁理公使には水野民政局長心得があたることになっていた。条約の規定では遅くとも七月八日までに授受手続きを完了させなければならない。ところが四月中旬の段階から台湾島内においては、日本の台湾領有を阻止しようとする動きが活発化していた。

台湾住民は高砂族を別にして、ほとんどが漢族系人であり、伝統的華夷思想の影響で、日本人を「倭人」として侮蔑していた。それなのに、台湾が日本の、つまり「倭人」の植民地になるとは。――がぜん、対日割譲反対の声がわきおこった。とくに科挙をつうじて中華思想を身につけた「読書人」や、財産を没収されると信じ込んでいた富豪・地主は強くこれに反対した。日本が法的に台湾を領有したとはいえ、台湾を実際に入手するには、武力に頼らざるをえないのは明らかである。

このような情勢をみて日本政府は、満州出兵中の近衛師団を台湾へ派遣することに決した。

五月二十四日、台湾を接収すべく文武官僚を従えて宇品より横浜丸に搭乗して台湾へむかった樺山総督一行は、二十七日に琉球那覇背面の中城湾《なかぐすく》において、北白川宮能久《よしひさ》親王の率いる近衛師団と会同し、二十九日ともに台湾北方海上に姿をあらわした。

おびえる清国側全権

他方、清国側の台湾引渡し全権委員の人事は難行した。すでに日清開戦前から、清廷内で光緒帝《こうしょ》を擁する主戦論者と、西太后を擁する平和論者の対立がみられ、敗戦にいたっても、それは尾をひいていた。主戦論者は日清講和条約を亡国的条約とみなし、責任を締約全権委員である李鴻章《りこうしょう》・経方《けいほう》父子に帰し、台湾引渡し全権委員という屈辱的任務は李父子がになうべきだと主張した。これに押されて清廷は五月十八日に李経方を全権委員に任命した。

このころ台湾では台湾の対日割譲に反対する気運が高まっており、李鴻章は息子経方が台湾住民から危害をくわえられるのを恐れて、極力この任務を回避せんとはかったが、それは徒労に帰した。わが子の運命を案じる李鴻章は一転して日本側に再三にわたってその保護を懇請し、日清全権会合の地点を海上もしくは、講和談判の最中に、日本によってすでに占領されていた澎湖《ほうこ》島にすることを要求した。

しかし、日本側は台湾島上において、堂々と授受手続きをしたかったため、会合地点を淡水《たんすい》と指定し、もし清国全権が困難に逢着すれば、かれらを澎湖島または福州にいちじ護送することにし、台湾島における騒乱を鎮圧した上で、李経方と台湾に上陸する旨を李鴻章に返答した。日本側のこのような配慮を得るにおよんで、李鴻章はようやく安堵したのである。

しかるに台湾における抗日運動は予想以上の高まりをみせ、五月二十三日に台湾は独立を宣言し、二十五日に台湾民主国の樹立をみるにいたった。二十五日に日本の艦船二隻が上陸予定地点である淡水港に接近するや、陸上から砲撃を加えられ、島内の事態に容易ならざるものがあることが判明した。そのため日本軍は淡水上陸をあきらめ、上陸地点を基隆《キールン》付近に変更し、そこより台北に入って清国全権と会合することになった。

異例の洋上会談

全権に任命された李経方は、なお出発を遅疑逡巡していたが、伊藤総理の催促により、二十九日夜になってから、上海を出発した。台湾の陸上からの砲撃を避けるため、李の乗船公義号にはドイツ国旗が掲げられた。六月一日公義号は樺山総督の乗船横浜丸と三貂角《さんちょうかく》沖海面にて相対した。この二日前の二十九日には日本軍は台湾上陸作戦を開始していた。樺山としては授受手続きを予定どおり台北でおこなうか、それとも船内でおこなうかは清

横浜丸に樺山を訪れる李経方

国全権の意見を徴して決定する意向であった。

六月二日午前一〇時に李は横浜丸を訪れ、ここで第一回会談がなされたが、李は自身の安全にたいする憂慮を隠そうとはせず、その発言はもっぱら個人の安全に終始した。曰く、

「台湾割譲に就いては我等父子が談判の結果に依り茲に至りしものと妄想し我等一家悪むこ《（ママ）》と甚しく小官が若し台湾に上陸せば直に斬殺せらるるや必せり小官は上陸せざること冀望に堪へず」（伊能嘉矩『領台始末』19頁）。

また、「台湾島に於ては人民暴動を為すを以て完全なる引渡を為すを得ざる」こと、「病中に在り且つ此地たる甚だ健康に害ある」ことを理由にして、一日も早く授受手続きを終えて帰国することを切望し、台湾住民の慓悍《ひょうかん》強暴、他の清国人の比にあらざることを説き、その処置について樺山に注意をあたえた。二一三年にわたってこの地を統治してきた大清帝国の全権委員として、李の態度はあまりにも自分自身への考慮が多く、台湾住民への配慮はまったく欠けていた。

第二回会談

第二回会談は同日午前一一時二〇分に樺山が公義号に赴き、そこでおこなわれた。この会談においても、李は一身上の苦悩をるるとして述べた。また台湾住民を蛮民と称し、李一家にたいする台湾住民の怨恨を除去するよう、樺山につぎのごとく懇請している。

「小官は閣下の才能卓越にして総督の任を帯び台湾に臨まるゝ必ず速に騒擾を鎮定し蛮民を開化に導くの効果を収めらるゝを固く信じて疑はず殊に閣下に望むらくは台湾平定の後島民に教ふるに講和条約に依り台湾を日本に領受したる旨を以てし竝《ならび》に李一家に対する怨恨を消滅すべきことを以てせられんことを」（伊能、前掲書、24頁）。

第二回会談は二五分で終わり、同日午後二時、水野公使が公義号を訪れ授受事務について談合した。討論の結果、日本側の準備した草案をもとに、同日午後四時に「台湾受渡公文」について両者間に合意がみられ、まず横浜丸にて樺山が署名し、午後九時公義丸にて李が署名した。任務を終えたとした李は、深夜の午前零時三〇分に錨をあげて帰国の途についた。

ところでこの時にかわされた「台湾受渡公文」の実質規定は、台湾全域の各開港場と各府庁県にある城塁兵器製造所および官有物の受渡しを完了せり、という包括的なものにすぎない。それは、手続き事務をすみやかに終えて帰国したい李の意見によるものであった。ほんらい、授受手続きは新旧統治者の交代という大変動にともなう混乱を減少し、もって爾後《じご》の新しい統治者による統治の円滑化をはかることが最大の効用である。しかしながら、このときの台湾授受は、現地における抗日運動がはげしかったために、そのような効果はのぞめず、しかも譲渡国たる清国の全権委員の怯懦《きょうだ》なるがゆえに、引渡し事務は早々にしておこなわれ、しかも授受手続きが割譲地の陸上ではなくて、海上でおこなわれるという未曾有の方式によった。このような事態を一部の台湾抗日運動者は清国の台湾軽視と受けとり、それは清国にたいする幻想を払拭《ふっしょく》するのに役立ったようである。

台湾攻防戦

独立への胎動

台湾は一八八五年（光緒十一、明治十八）に清国の独立した一行省である台湾省に昇格したばかりで、初代巡撫劉銘伝《じゅんぶりゅうめいでん》、二代目邵友濂《しょうゆうれん》をへて、一八九四年から唐景崧《とうけいしょう》が署巡撫《しょじゅんぶ》として巡撫代理をつとめていた。代理とはいえ、その実質的権力は巡撫と変わらない。ひとつの省の最高為政者になってから半年たらずして、唐は割譲の悲報を聞いたわけである。

唐は師として仰ぐ、南洋大臣にして両江総督を兼ねる張之洞《ちょうしどう》と呼応し、列強の干渉を誘致して日本の台湾領有を阻止しようとした。台湾は一七世紀から列強の角逐《かくちく》の場となり、目下のところは仏英独米の諸国がねらっているとみられており、露独仏の三国が遼東半島の対日割譲反対に乗りだしていたことが、唐らにいっそう希望をつのらせたのである。

しかるに、三国干渉が成功して遼東還付が確実になるにおよび、清国朝廷は台湾問題の紛糾で遼東還付が烏有《うゆう》に帰すか、もしくは、日清講和に悪影響を与えるのを恐れ、唐に帰国命令をだした。唐としては朝命に服せざるをえない。

ところが邱逢甲《きゅうほうこう》をはじめ、台湾住民の指導的立場にいた「紳士」もしくは「士紳」と呼ばれる学位・官位保持者や大富豪・大地主は唐をはなさない。封建的な時代にあって、威令をもつ巡撫が台湾にとどまって日本に抵抗することをかれらは希望したのである。そのうえ、日清戦争期間と、それにつづく列強干渉の誘致に熱中していた当時、唐が高い報酬を約束して大陸から招募した兵勇も唐をはなさなかった。雇傭者がいなくなると、かれらの期待していた報酬がもらえないからである。

こうして唐巡撫は、朝命と士紳・兵勇の板ばさみになるという苦しい立場に置かれ、「日々涙を以て顔を洗う」（唐の上奏電）ことになった。

しかし、士紳の脅迫にもかかわらず、唐は帰国することを決心し、まず母親を帰国させたが、その母親が襲われるほどに治安は乱れていた。台湾士紳邱逢甲らは、台湾の独立を宣言して徹底的に抗戦すべきだと主張した。北京の主戦論者である総理衙門《がもん》章京＝沈曾植《しんそしよく》、それに訪台したフランス将校も独立を示唆した。

唐は淡水海関の税務司にして親しい友人でもある英人H・B・モースの意見を徴したところ、モースはこう答えた。

「清国の官吏が台湾で抗日運動をやれば、清国朝廷は日本から非難される。独立を宣言しても、それは同じである。しかし、もし独立した台湾が『民国』の形式であれば、朝廷は非難されないだろう」（H. B. Morse, *Letter-Books*, MS., Vol. III　ハーバード大学ホートン図書館蔵）。当時はまだ「共和国」という用語はなく、「民国」とは「共和国《リパブリック》」のことである。

台湾民主国成る

朝廷が日本から非難されないのであれば、帰国命令に従わなかった罪も軽くなると唐は判断したようである。かくて、五月二十三日に台湾は独立を宣言し、二十五日を期して独立することになった。

台湾民主国独立宣言

日本清国を欺凌し、わが国土台湾の割譲を要求す。台民朝廷に嘆願を重ねるも功を奏せずして終われり。倭奴不日攻めきたらんことわれすでに知る。われもしこれを甘受せば、わが土地、わが家郷みな夷狄《いてき》の所有に帰す。しかれどもわれもしこれを甘受せずんば、わが防備足らざるが故に、長期持続し難し。われ列強と折衝を重ねしも、いずれも援助を期さば台民まず独立せよと主張せり。それ故わが台民敵に仕うるよりは死することを決す。また会議において台湾島を民主国とし、すべての国務を公民によりて公選せられたる官吏を以て運営せんことを決定せり。この計画のため、且つ倭奴の侵略に抵抗せんがため、新政府機構の中枢たるべき人物必要ならん。この人物によりて、わが郷里および平和を保つべし。それ故、夙《つと》に敬仰せる署巡撫承宣布政使唐景崧《とうけいしょう》を台湾民主国総統に推挙せんことを会議において決定せり。

公印すでに刻せられ、五月二十五日午前九時を期し、台湾の紳民によりて上呈す。当日払暁を期し、すべての士農工商、籌防局に参集し、厳粛にこの壮挙を始むべし。遅誤なきことを乞う。

台民の名においてこれを布告す

かくて「アジア最初の共和国」と目される台湾民主国が樹立された。その主たる官庁と首脳はつぎのとおりである。

台湾民主国国旗

総統＝唐景崧

副総統＝邱逢甲《きゅうほうこう》

台湾承宣布《ふ》政使《せいし》総理内務衙門督弁《とくべん》（内務大臣）＝兪明震《ゆめいしん》

台湾総理各国事務衙門督弁（外務大臣）＝陳季同

台湾軍務衙門督弁（軍務大臣）＝李《り》秉瑞《へいずい》

大将軍＝劉永福《りゅうえいふく》

議院議長＝林維源《りんいげん》（但し就任せず）

首都を台北に置いた台湾民主国の政府は後述のように旬日で崩壊し、その後、六月下旬に台南で新たな政府機構がつくられた。
総統＝劉永福（就任せず）
執行委員会（委員七名）
籌防局《ちゅうぼうきょく》局長＝陳鳴鏘《ちんめいしょう》、統領＝許南英《きょなんえい》
糧台＝陳鳴鏘（兼任）
台湾民主国海関税務司＝G・マカラム
議院議長＝許献琛《きょけんちん》

台北城の陥落

台湾攻防戦は五月二十九日午後二時よりその幕が切って落とされた。日本軍の先陣となったのは北白川宮能久親王の率いる近衛師団の第一旅団であり、台湾東北端の澳底《おうてい》から上陸した。当時、台湾防衛軍は清国で招募した兵勇と台湾住民がみずから組織した民軍とで合わせて一五〇営、人員にして約五万である。兵勇の主力は台湾北部、特に基隆《キールン》、台北、淡水に置かれていた。日本軍が予定を変更して基隆上陸を避けたのはそのためである。

日本軍は数千の防衛軍を排除して瑞芳《ずいほう》を占領し、基隆へ向かった。六月三日、日本常備艦隊は基隆に砲撃を加え、近衛師団をもって基隆を攻撃した。基隆攻防戦はすさまじく、守備軍は死者二五〇、負傷者無数と報告された激戦ではあったが、それは数時間で終了した。基隆沖で作戦の指揮にあたっていた樺山台湾総督は、基隆港の掃海の完了を待って、六日に基隆に上陸し、かくてこの新しい支配者は台湾の土に足跡を印した。

基隆の陥落は首都台北に大きな衝撃を与えた。基隆から敗走した守備軍が台北になだれこみ、一部兵勇は給料を要求して騒動を起こし、城中において、乱兵が通行人を掠奪したり、婦女を姦淫し、あまつさえ放火するなど狼藉《ろうぜき》の限りをつくした。前線の敗戦と城内の混乱もあって民主国政府の最高首脳部は浮き足だった。唐総統は四日の夕方に台北から逃げ、六日に淡水から大陸へ逃亡した。この過程において、唐はかれの逃亡を阻止しようとする兵勇にたいして、多額の庫銀をばらまいている。兪明震、李秉瑞、陳季同もほぼ同じころに大陸に逃れた。

混乱で生地獄に化した台北をみて、士紳は日本軍を迎え入れることに決し、商人辜顕栄《こけんえい》をつかわした。こうして日本軍は七日に台北に無血入城をはたした。辜はこの功績で台湾総督府に重用されることになるが、抗日運動者はかれを「台奸第一号」として蔑んだ。

台北を占領した日本軍は樺山総督を迎え、六月十七日、台北城内において始政式をあげた。爾後、台湾総督府はこの日を「始政記念日」に指定し、総督府の終焉《しゅうえん》にいたるまで、毎年記念式典を台湾全土であげることになる。

各地の抵抗運動

台北一帯の攻防戦はこうしてあっけなく終わったが、日本軍が執拗な抵抗に会うのはむしろこれ以降である。

六月十九日に日本軍は南進を始めたが、十月二十一日に台南入城、十一月十八日に樺山総督が大本営にたいして「全島平定」を報告できるまで、五か月にわたる軍事行動を要した。この間、八月六日に混成第四旅団、十月十一日には乃木希典の率いる第二師団が増援軍として上陸するなど、日本による台湾占領は、予定よりもはるかに長い期間と大きい兵力を要した。これは台湾攻防戦がそれだけ熾烈で日本軍がそれだけ難渋したことを示している。

城市の攻防戦においては、彼我の配置兵力はともに大きかったが、はげしい戦闘はまれであり、むしろ小街鎮や村落をめぐる小規模の戦闘が熾烈である。日本軍の進撃時には抵抗はなくとも、日本軍の背後を衝いたり、占領地区日本守備隊にたいして攻撃をかけたりするケースが目立つ。

日本帝国参謀本部の記録によると、日本軍は中南部のいたる所で抵抗をうけ、まさに「殆ト全台皆兵ノ観アリ」であったという（参謀本部編『日清戦史』第七巻、758頁）。別の記録は台湾住民の抵抗を評して「慓奸決死ノ気象ニ富ミ」「婦女モ亦戦闘ニ与リテ我ニ抗セリ」「人民ノ多数ハ敵抗ノ精神ニ富ミ」「間諜ヲ用ウルコト自由自在」と慨嘆している（川崎三郎『日清戦史』第七巻、372頁）。北部の初期攻防戦のあっけなさにくらべて、中南部攻防戦、後期の攻防戦はそれだけ熾烈であったのである。この相違については、つぎのように考えられる。

第一に、北部の防衛軍は大陸で招募した兵勇を主体としていた。かれらは兵勇に応募することによって報酬を得ることを期待していたが、命を賭して台湾を守る気慨に欠けていた。これに反して、中南部では住民が自発的に民軍を組織し、長年にわたってつちかってきた郷土を守る意気に燃えていた。もっとも、清仏戦争で勇名を馳せた劉永福将軍がかなり長期間台湾に踏みとどまっていたことがかれらの心理的な支えのひとつになったであろう。

第二に、台湾攻略に赴いた近衛師団は、日本軍の中では第四師団とならんで最新装備を誇る部隊である。それが南満に派遣され、戦地に到着したときには休戦になっており、先遣師団とは違って戦功をたてることができずに切歯扼腕《せっしやくわん》していたところへ、台湾攻略が下命され、功を急ぐあまりに無用の殺傷をし、それが台湾住民の敵愾心《てきがいしん》をあおった。後続の混成第四旅団も近衛師団に劣らず、「僅少ノ賊ヲ駆逐」することができたにもかかわらず、なおかつ村を焼き尽くし、「敵意アル沿道各庄ヲ焼夷シ」つつ前進したと、記録されている（参謀本部『日清戦史』第七巻、260頁以降）。

第三に、占領地域において、日本軍は有力者に妻女の提供を求めたり、進軍の途中で婦女に乱暴したりすることが重なり、台湾住民の復仇心を呼びおこした。たとえば、黄栄邦《こうえいほう》、簡精華《かんせいか》、林苗生《りんびょうせい》がその例である。日本軍が大莆林《だいほりん》を占領した当初、簡精華は道路を清掃し羊豚を屠って日本軍をもてなしたが、日本軍はかれに婦女二〇〇名を献じるよう命じた。かれがそれに応じなかったため、日本軍はその一族の妻女六〇余名を拉致《らち》して姦淫をほしいままにした。それで激怒したかれは抗日部隊を組織したのである（姚錫光『東方兵事紀略』第五巻）。簡大獅のばあいもそうであり、かれはその妻をはじめ、母、嫂、妹が日本兵士に姦殺され、一家族十数人が皆殺しにされたために奮起したのである（簡大獅の供述書）。

台湾民軍の敗北

日本軍による殺戮《さつりく》のすさまじさは統計数字にあらわれている。日本軍の上陸から十月までの五か月間、すなわち台湾攻防戦の期間中に日本軍に殺害された者は、台湾総督の報告によれば一万余人であるが（伊能嘉矩『台湾文化志』刀江書院、下、980頁）、実際には一万四〇〇〇人に達したとみられる。負傷者の数は不明であるが、これをさらに上回ることはまちがいない。当時の台湾総人口は約二六〇万であったから、犠牲者の比率は相当に高いものであったといえよう。

呉得福，わが子を血祭りにし，抗日を誓う

同期間における日本軍戦死者はわずか二七八人で、戦傷者を入れても九三一人にすぎず、日本兵士一人を殺すごとに、台湾側は五〇人の生命をもって償わねばならなかったことになる（陸軍省医務局『明治二十七八年役陸軍衛生事蹟』第四巻上、2頁）。まさに玉砕戦であるが、それをも辞さないほどに、かれらは日本軍の残虐さにたいする憎悪と復仇心に燃えていた。八月中旬、呉得福《ごとくふく》という一住民が民軍を組織して日本占領下の台北を襲撃するに先だち、五歳になるわが子を割いて、その血を同志とともにするという、鬼神も泣くようなやりかたで決死の覚悟を誓ったのも、その一例である。

当時の台湾民軍は一〇人に一人しか銃器がなく、銃器にしても多くが猟銃や木砲であり、民軍のほとんどは剣戟竹槍を使用した。これにたいして、日本軍は無煙火薬を装塡《そうてん》する村田銃をあやつり、とくに近衛師団の改良式村田銃は、最大射程三一一二メートルの連発式であった。各師団に砲兵連隊があるほか、海上から常備艦隊（のちの連合艦隊）の艦砲射撃による支援があり、台湾民軍は勝ちめのない戦さをよく戦ったといわねばならない。

台北陥落後、台南につくられた台湾民主国政府は、地元の士紳を糾合せんとはかったが、富豪は逃げ、軍資金の窮乏に悩まされた。紙幣にあたる「官銀票」が印刷され、当初は若干通用したが、戦局が緊迫するにつれて通用しなくなった。「郵票」（切手）も印刷されたが、動乱期の郵便事情は極端に悪く、いつしかそれは大陸へむかう避難民の放免料の代替として使われた形跡がある。

形勢不利とみた台湾民主国最後の高官である大将軍劉永福《りゅうえいふく》は、十月十九日に台湾から逃げ去り、また最後の拠点たる台南城も大混乱に陥り、かくて台湾民主国は滅亡した。

台湾攻防戦はそれに先行する清国での日清戦争の陰に隠れてかすんでみえるが、両者の内容を比較すると、住民が独立をめざして戦った台湾攻防戦に新たな評価がくだされてもいいはずである。

台湾民主国と台湾総督府

ところで、台湾史の時代区分において、研究者は清国統治時代と日本統治時代のあいだに「台湾民主国時代」を入れることをさけている。台湾民主国の存続期間が短かったこと、支配権力の実体が不明であることのほかに、研究者が意識的もしくは無意識裡に政治的配慮を加えているように思われる。

日本帝国についていえば、台湾民主国の存続期間が台湾総督府による支配の初期と重複しているゆえに、それを認め難いであろう。中華民国についてみれば、台湾が一時的であるとはいえ、「独立した」との事実を認めるのは、現在の政策上、不都合であろうし、これは中華人民共和国のばあいも同じである。これら支配者や「支配者的立場」にある国とは別の立場にいる台湾人にしても、台湾民主国の政府要員の多くが、清国官吏であったことや、総統としての唐景崧の清廷への通電で、さかんに「朝廷にたいしては他意はなく、忠誠である」ことをるるとして述べていることに違和感をもっているであろう。台湾民主国が台湾史の一時代を画したとの評価を得られなかったのは、このためである。

しかし、支配権力の競合ないし支配地域の消長は最近のカンボジアの例にもみられるし、存続期間が短く、外国の承認が得られなかった例として一八九八年のフィリピン共和国をあげるまでもなく、国家の存在は国際法上の承認を要件とはしない。また、台湾での抗日ゲリラのすべてが台湾民主国政府の指導下で戦ったとは限らなかったにせよ、劉永福将軍や徐驤《じよじよう》の例もある。

ことに徐驤は、清国が台湾にたいしてとった非情な措置に憤激し、武力抵抗に「成功すれば新しい国家を樹立して千古に輝き、敗るればわれわれの骨と血は台湾とともに消えさろう」と叫び、民主国副総統邱逢甲は「台湾はわが台湾人のものだ」と喝破した。こうした例からも、「台湾民主国」を台湾史の一時代として画すべきではなかろうか。筆者は先に公刊した『台湾民主国の研究』ですでに若干の問題を提起しているので、ここでは論議を省きたい。

台湾総督府は、六月六日に樺山総督が基隆に上陸すると同時に基隆海関事務所に設けられ（2章章扉の図）、樺山の台北入城と同時に台北の旧布政使衙門に設置された（序章章扉の図）。のちの台北市公会堂（現在の中山堂）と同じ地点である。

ところが役所はできても、それは形だけで、台湾総督府の威令がとどくのは、軍事的に制圧した限られた地域にとどまった。当然それは日本軍の軍事展開に伴って拡大していった。台湾総督府の支配地域が拡大されるごとに、台湾民主国政府のそれは狭まれていく。もちろん混乱期にあって、両者の支配権力はそれぞれの地域で絶対的だとはいえなかった。むしろ双方とも微弱な支配力しかなかったというほうが妥当である。

以上を要約すると、明治二十八年の台湾には二つの相対する国家権力が競合し、それぞれの権力が相手を蠶食《さんしょく》せんとして戦っていた。そして、台湾民主国は事実上の国家として一四八日の歴史を持ったが、その国土は徐々に縮小し、そして遂には日本帝国の権力機関である台湾総督府によって滅ぼされたのである。

領有の確立

境界の設定と不割譲宣言

台湾は澎湖島を含め、八七の島嶼《とうしょ》によって構成されているが、清国の台湾領有時代、付近に点在する島々との関係は必ずしも明確ではなかった。日本が台湾を領有するや、八月七日に西園寺公望《きんもち》外相臨時代理はスペイン駐日公使カルウオとの間に「西太平洋ニ於ケル日西両国版図《はんと》境界ニ関スル宣言書」を交わし、台湾とフィリピンの境界を定めた。こうして幅員九二カイリのバシー海峡の「航行シ得ヘキ海面ノ中央ヲ通過スル所ノ緯度並行線ヲ以テ」、「該境界線ノ北方及北東方ニ在ル島嶼」は台湾に属することが確定した。宣言書付図によれば、境界線は北緯二一度二五分あたりに引かれている。

その反面、日本の台湾領有によって、台湾と沖縄との境界は、むしろあいまいなままに残されることになった。そしてそれは「尖閣《せんかく》列島の帰属問題」として、今日にいたるまで尾を引いている。

日本は明治七年の台湾出兵によって、琉球の日本帰属を明確にしようとした。琉球は旧薩摩藩に属していた反面、清国にも朝貢していたため、日清両属の趣きがあった。台湾住民による琉球官民殺害事件で、日本は「自国民」が殺害されたとして台湾出兵をおこない、これにたいして、清国は明治七年の日清協定において、日本の台湾出兵を「義挙」であるとして、黙示的に琉球の日本帰属を認めたが、その後態度をかえ、琉球の清国帰属を堅持した。

本件の折衝にあたっていた宍戸璣《ししどたまき》公使は明治十四年に北京を去り、これ以後日本は琉球問題了結の態度をとった。他方清国は日本の主張を認めないまま、この問題は棚上げの状態におかれた。

その後、日本は琉球にたいする実効的支配を確立していき、さらに台湾をも領有するようになったので、沖縄と台湾との境界を明確にする必要性もなくなった。尖閣列島周辺を沖縄人と台湾人漁民とが利用していたが、いずれも「日本臣民」になった以上、問題があろうはずはなく、逆にこれが、尖閣列島帰属の不明確さを生んだのである。尖閣列島がはたして沖縄の一部であるのか、それとも台湾の付属島嶼なのか、無人島であるがゆえに、解決にはなお迂余《うよ》曲折があるように予想される。

領土問題にからんで、もうひとつ「台湾不割譲宣言」があげられる。

日本は台湾を領有して数か月後の七月十九日に、西園寺外相臨時代理が口頭でもって露独仏三国の駐日公使にたいして、「帝国政府ハ台湾及澎湖島ヲ他国ニ譲与セサルコト」を約束した。日本が自国領土について、不割譲宣言をしたのは、台湾が唯一のケースである。

本来、国家は自分の意思で自国の領土を処分する権利を有する。不割譲宣言はいわばその権利をみずから放棄するものであり、弱小国が強国に強制されておこなうものであって、その地域は当該強国の勢力範囲の様相をていしてしまう。

当時上昇機運にあった日本帝国が、弱小国まがいの台湾不割譲宣言をなしたのは、三国干渉に成功した露独仏の要求に屈したためである。三国は日本が台湾海峡を独占してしまうことを警戒し、戦時平時にかかわらず、澎湖島に砲台を築いたり海峡航海の自由を妨害しないこと、台湾島と澎湖島とを将来けっして他国に譲与しないことの保証を求めた。海峡の自由航行は当然であるとしても、自国領土の不割譲宣言には外務省は躊躇《ちゅうちょ》したが、閣議において、それは不可避と判断され、かくて、日本は台湾海峡の自由航行と台湾不割譲の宣言をおこなったのである。ただこの種の宣言を要求した三国の目的が海峡の自由航行にあり、台湾において自国の権益を確立するためではなかったこと、日本帝国がますます強大化したことなどにより、台湾が三国の勢力範囲になるような事態には陥らなかった。

不平等条約の処理

つぎに不平等条約の処理をみよう。

当時の台湾は、清国が締結した一連の不平等条約の適用を受けていた。台湾を接収した日本は不平等条約に由来する開港場、領事裁判権、協定税率、外国人の居住および不動産所有を諸外国の特権として認める意思はなかった。しかし、在台外国人を安堵させ、ひいては列国との関係の円滑化をはかるため、日本の任意によって、外国人が従来享有してきた特権の一部を継続して享受させることにし、台湾総督府に外務部をおいて、その処理にあたった。

清国統治時代の開港場は安平《アンピン》、淡水の二港と、その付属開港場として打狗《タカウ》（高雄）と基隆があり、実質的には計四港であった。日本政府はこれらを開港場に指定し、外国人が開港場と台南とに居住して商業に従事することを許可した。具体的には、淡水、安平、打狗三港の従来外国人の居住していた地区と、台南城内の大部分を雑居区域として承認したほか、大稲埕《だいとうてい》を淡水港の一部とみなして、ここにも雑居区域をもうけ、さらにこれまで外国人の居住していなかった基隆に新たに雑居区域をもうけた。

領事裁判権については、日本は明治二十九年（一八九六）になってから正式にこれを認めた。同年八月に制定された「外国人取扱規則」によれば、外国人現行犯は官署へ連行するも、それに応じないときや逃亡の恐れある者は管轄領事に引き渡すこと、非現行犯のばあいは検察官に請求して管轄領事の令状を受け、これを逮捕し、検察官をへて領事に送致することにした。明治三十年にいたって、「改正条約ハ台湾ニ施行スルモノトス」との内務大臣の内訓があり、日本本国で改正条約の施行される明治三十二年七月十五日をもって、台湾における領事裁判権撤廃は本国と同時になされた。また、関税の協定税率は明治四十四年になってから、日本本国とともに解決され、撤廃された。

国籍選択

日本帝国は台湾を領有するにあたり、台湾住民に国籍選択権の行使を許した。それは日本側の提案により日清講和条約でつぎのように規定されている。

日本ヘ割与セラレタル地方ノ住民ニシテ右割与セラレタル地方ノ外ニ住居セムト欲スル者ハ自由ニソノ所有不動産ヲ売却シテ退去スルコトヲ得ヘシ其ノ為メ本約批准交換ノ日ヨリ二個年間ヲ猶予スヘシ但シ右年限ノ満チタルトキハ未タ該地方ヲ去ラサル住民ヲ日本国ノ都合ニ因リ日本国臣民ト視為スコトアルヘシ（第五条）

日本が国籍選択制度を台湾に適用したのは、一九世紀後半の世界の潮流に乗ったものであるが、実際にそれを台湾に施行する段階に若干議論の対象になった。台湾住民のような風俗習慣の異なる異民族が、大挙して台湾から退去したほうがよいのか、それとも退去者が少ないほうが日本にとって有益かという問題がそれである。そのさい、台湾住民を追い出し、日本内地から大量の移民を誘致する考えさえ、ひとつの弁法として検討されたといわれる（『台湾総督府警察沿革誌』第二篇上、664頁。以下『警察沿革誌』と略す）。

乃木総督、曾根民政局長は台湾住民追い出しに傾いていたが、結果的には、台湾住民が従来どおり定住しやすい方策がとられ、明治三十年（一八九七）三月十九日に総督府は管下官庁に内訓として「台湾住民分限《ぶげん》取扱手続」を発した。

同「手続」で特に注目すべき点がいくつかある。

(1)選択権を行使できる「台湾住民」たる要件を、台湾に一定の住所を持つことのみにしたため、台湾の永世住民でない清国大陸からの短期労働者にも国籍選択権が付与された。これは台湾の戸籍が整備されておらず、台湾住民と短期寄留者の区別がつきがたいとの事情によるものである。

(2)なんら手続きをせずに、沈黙したまま期限以前に台湾から退去しない住民は、原則としてことごとく日本帝国臣民とみなす。例外は総督府が内閣に提出した稟議《りんぎ》によれば、「土匪《ひ》ノ嫌疑アル者治安ニ妨害アル者」のみである。

(3)閣議の決定によれば、たとえ期限内であろうとも日本臣民になる意思のある者は、申請があったばあい、許可してもよいということであったが、総督府は最終的にはこの方法をとらなかった。期限内に日本臣民になる意思のあることを表明した者でも、その願書を受理するのみで、期限前に日本国籍を付与しないことにした。

なお、当初の規定によると、旧国籍を選択したばあい、期限以内に退去せねばならなかったが、のちにそれは緩和された。

意外に少なかった退去者

「取扱手続き」と地方官庁の発布した告諭とをあわせて考察すると、国籍選択の行使は概略つぎのとおりである。

すなわち、日本臣民たらんとする台湾住民はいかなる手続きをもとる必要はない。他方日本臣民たることを欲しない台湾住民は必ずしも期限以内に退去する必要はないが、期限以内にその旨を登録し、退去するかもしくは外国人雑居地域に移転する。そのさい、不動産所有権を日本臣民に移転することが要求される。

このような手続きにより、台湾から退去する旨を最終期限である明治三十年五月八日までに関係官庁に登録した者は、総計約四五〇〇人であり、当時の台湾行政区域別に分けるとつぎのとおりである（『警察沿革誌』第二篇上、668頁）。

台北県　一八七四人
台中県　三〇一人
台南県　二二〇〇人
澎湖庁　八一人

譲受地住民に国籍選択権を与えても、住民にとっては旧国籍を選択した結果、いままで居住し生活基礎をおいていた地域から退去することは、精神的苦痛を伴い、また生活面でも大きな冒険である。したがって、旧国籍を選択する者は少ないのが普通である。しかし、それにしても台湾のばあい、旧国籍たる清国籍を選択した住民の比率は異常なほどの低さを見せた。一八七一年のフランクフルト平和条約によって、フランスからドイツに割譲されたアルザス・ロレーヌの住民にして旧国籍を選択した者は一〇パーセントであった（山下康雄『領土割譲と国籍、私有財産』外務省条約局、24頁）。

台湾のばあい、明治三十年現在の総人口は二八〇万であったから、退去者の占める比率はわずか〇・一六パーセントにしかすぎない。アルザス・ロレーヌの住民の一部は譲受国ドイツの国民と同じ民族であるのに反し、台湾のばあい、日本人は台湾住民にとって完全なる異民族であったことを考えあわせるとき、台湾からの退去者の比率が逆にアルザス・ロレーヌのばあいよりもはるかに低かったことは、台湾住民の台湾での定着度がひじょうに高かったことを示すものである。

こうして台湾住民は、自分の意思に反して日本帝国の支配下におかれた反面、自分の意思で清国の国籍を捨て、あえて日本国籍をえらんだのである。その台湾住民と台湾総督府はどんな関係をもつことになるだろうか。

2

初期武官総督時代

大正７年まで台湾総督府庁舎として使われた旧布政使衙門

暗中模索

初期武官総督の顔ぶれ

初期武官総督時代は明治二十八年(一八九五)から大正八年(一九一九)までの二四年間であり、台湾総督府の歴史の約半分を占める。この間、七代の総督を閲《けみ》し、民政面で総督を補佐する民政局長官は七人、事務取扱を入れて八人であった。

武官総督制は必ずしも簡単に決まったものではなく、大論争をへている。

日本帝国は台湾を領有すると、その年の六月十三日に中央主務官庁として台湾事務局を設置した。

総裁＝伊藤博文首相　副総裁＝川上操六《そうろく》参謀次長

総務部委員＝伊東巳代治《みよじ》内閣書記官長　治民部委員＝末松謙澄《けんちょう》法制局長官

軍事部委員＝山本権兵衛《ごんのひょうえ》海軍次官・児玉源太郎陸軍次官

財務部委員＝田尻稲次郎大蔵次官　外務部委員＝原敬《たかし》外務次官

交通部委員＝田健治郎逓信省通信局長

内閣の提出した案によれば中将または大将の位にある武官を総督の要件としているが、

事務局における審議では紛糾した。七名の委員がこぞって武官制に反対して文官制を主張したのである。あくまで武官制に固執したのは、副総裁である川上ひとりだけであったが、最終的に伊藤総裁は川上の主張をとるべく断を下した（春山・若林『日本植民地主義の政治的展開』19頁）。

しかし有能な将官だからといって、必ずしも行政能力を持っているとはかぎらない。そこで一般行政を担当する民政部門の首脳に行政手腕が期待されるのである。その役職名はつぎのような変遷をたどるが、職責にほとんど変化はない。

1、民政局長官　明治二十八年五月二十一日
2、民政局長　明治二十九年四月一日
3、民政長官　明治三十一年六月二十日
4、総務長官　大正八年八月二十日以降

なお、文・武総督をめぐる論争は一応結着したとはいえ、このときに文官総督を堅持した原が後日組閣するにおよんで、それを実現することになるのである。

初期武官総督時代における歴代総督と民政首脳は表2のとおりである。

樺山総督

初代総督樺山資紀《かばやますけのり》は天保八年（一八三七）の鹿児島生まれ、幼名を橋口覚之進という。

表2　初期武官総督表

代	総督	在職期間	齢	出身	軍籍(任中昇進)	民政長官※	在職期間
1	樺山資紀	明28・5・10	58	鹿児島	海軍大将	水野　遵　2.1	明28・5・21
2	桂　太郎	明29・6・2	49	山口	陸軍中将	水野　遵　2	留任
3	乃木希典	明29・10・14	47	山口	陸軍中将	水野　遵　2	留任
						曽根静夫　2	明30・7・20
4	児玉源太郎	明31・2・26	47	山口	陸軍中将(大将)	後藤新平　3.2	明31・3・2
5	佐久間左馬太	明39・4・11	62	山口	陸軍大将	後藤新平　3	留任
						祝　辰巳　3	明39・11・13 41・5・22
						大島久満次　3	明41・5・30
						(宮尾舜治)　3	明43・7・27
						内田嘉吉　3	明43・8・22
6	安東　貞美	大4・4・30	62	長野	陸軍大将	内田嘉吉　3	留任
						下村　宏　3	大4・10・20
7	明石元二郎	大7・6・6 8・10・26	55	福岡	陸軍中将(大将)	下村　宏　3	留任

※数字は前頁、長官職称の変化を示す。(　)は事務取扱

琉球官民殺害事件発生当時、熊本鎮台鹿児島分営長であった樺山は、上京して事件の顚末《てんまつ》を報告したことが契機となって台湾に関心をもつにいたった。明治七年の台湾出兵は樺山の建議がみのったことによるものであり、かれ自身陸軍少佐として従軍した。明治十一年(一八七八)陸軍大佐として近衛参謀長、十四年には警視総監を兼ねた。陸軍少将でありながら同十六年海軍大輔《たいふ》(次官)になり、海軍中将に任命された変わり種で、二十三年に海軍大臣、つづいて枢密顧問官になった。日清戦争では現役に復帰して海軍軍令部長として活躍、二十八年に海軍大将に昇進して、台湾総督に任命された。かれは当時の明治政府の中では台湾事情に関する最高権威でもあった。

樺山の在任期間は一年と一か月、その間、武力による平定に明け暮れたことは前述のとおりである。軍事行動が支配の実態であったため、軍人万能の観をていし、「武文官」といわないで、順序を逆にして「文武官」といっただけで軍人に殴打されるほどであったという(杉山靖憲『台湾歴代総督之治績』31頁)。この樺山の時代にごく短期間ながら、副総督がおかれたが、これは唯一の例外である。副総督に任命されたのは台湾攻防戦中、南進軍司令官になった高島鞆之助《たかしまとものすけ》陸軍中将であり、かれは樺山と同じく薩摩出身で、樺山が第一次松方内閣において海相をつとめたときの陸相であった。ただし、副総督とはいっても、実質的な作用はなく、おそらく高島の経歴に見合う配慮がなされたためであろう。高島の任命は明治二十八年八月二十日であり、翌年内地に凱旋するや新設の拓殖務大臣に補され、台湾総督府の中央主務大臣になった。それとともに副総督の制度は廃止されたのである。

なお、樺山は台湾総督を離任後内相（第二次松方内閣）、文相（第二次山県内閣）を歴任した。

桂・乃木総督

二代目総督桂太郎は明治二十九年六月二日に拝命し、時の総理大臣にして台湾事務局総裁を兼任する伊藤博文と同道して台湾に乗りこみ、台北において、第一回めの「始政記念日」をあげた。

桂は長州の産、山県有朋の部下として鳥羽・伏見の戦いに従軍、明治三年ドイツに留学し、明治十八年に陸軍少将、翌年に陸軍次官兼軍務局長、日清戦争に従軍して、陸軍中将になった。山県の腹心であるが、おなじく長州の先輩である伊藤博文からも庇護をうけ、八面玲瓏で政治家としての要素が強い。

桂を皮切りに、爾後台湾総督は文官総督に移行するまで、陸軍によって独占されることになる。

桂は軍人ながら、政治にはさとく、台湾総督に在任して四か月余でこれを辞したのも、中央の政局に関連してであった。伊藤博文辞職の後をうけて組閣の命を受けた松方正義は、拓殖務大臣の座にいた高島鞆之助陸軍中将を陸軍大臣にすえる意向であった。幕末に薩摩藩が討幕派（主流）と公武合体派（非主流）にわかれていた頃から、松方は高島とは同志的つながりを持っていたからである。ところが陸海両相を薩閥に制されるのを快く思わない山県有朋、井上馨が機先を制して、松方に「桂陸相」を受諾させた。それで桂は台湾総督を辞任して雀躍しつつ上京した。

ところが、高島が陸相の座に固執し、山県派も「桂陸相」を譲らなかったため、松方はいちじは組閣を断念した。最終的には明治天皇がのりだし、松方はようやく組閣することができたのだといわれる。陸相は松方の当初の意図どおりに高島が兼任することになり、桂には台湾総督留任が勧告されたが、怒った桂はこれを蹴った。桂は陸相の座にあこがれて、総督の座を棒にふったのである（前田蓮山『歴代内閣物語』上、89頁）。

桂　太郎

なお、桂は在京の期間が長く、総督在任中、台湾にはわずか一〇日間滞在したにすぎなかった。

三代目総督乃木《のぎ》希典《まれすけ》の総督就任は松方内閣において、拓殖務相と陸相とを兼ねる高島鞆之助の推薦による。桂総督は自分の後任に児玉源太郎をあてようとしたが、これにも失敗したのである（前掲『吾等の知れる後藤新平伯』288頁）。乃木は日清戦争に出征し、明治二十八年には、第二師団長として台湾攻略戦に参加、南部台湾守備隊司令官を経験している。乃木は謹厳にして清廉ではあったが、政治にはまったくうとかった。

乃木希典

無能な水野・曾根民政局長

樺山、桂、乃木の下で初代民政局長官をつとめた水野遵《じゅん》も、力量のない人物であった。かれは嘉永三年（一八五〇）生まれの尾張藩士で、最初、台湾授受のための弁理公使に任命された。この任命は樺山総督よりも早く、日清講和条約批准交換の前日になされている。このとき、水野は衆議院書記官長の職にあった。かれは明治三年に清国に留学し、同七年の台湾出兵当時には通訳官として従軍している。こうした経歴から、清国・台湾側との交渉に適任とみられたのであろう。つづいてかれは樺山の推薦をうけて五月二十一日、民政局長心得に任命された。そして台湾総督官制の制定後民政局長官になり、官制の改正にともなって民政局長になった。

水野は樺山総督の辞任後も、桂・乃木の両総督に仕えたが、民政局長としてはいたって無能であった。そこで拓殖務省ではかれを更迭し、拓殖務次官にまつり上げようとした。これを知った乃木総督は上京し、民政局長としてさえ能力不足の水野を、総督府の監督機関たる拓殖務省の次官にすえることは承服できないとして反対した。

それで拓殖務省は、北海道を担当している同省北部局長曾根静夫を水野の後任にすえようとした。ところが曾根は、官吏の汚職を遠慮なく摘発することで知られていた台湾高等法院長高野《たかの》孟矩《もうく》が台湾にいる限りいやだと、打診を拒否した。大蔵省国債局長を経験している曾根なら、苦難中の総督府財政を建てなおすことができる、と期待した高島鞆之助拓殖務大臣は、水野の建議により高野の免職を決意した（前田蓮山『政変物語』文成社、322頁）。

しかし、いざ赴任してみると、曾根には威信はなく、官吏の統率もうまくいかなかった。そこで中央では曾根を更迭して、内務省衛生局長後藤新平を民政局長として乃木総督に配しようと考慮し、後藤もそれを受諾したが、その前に乃木が高野事件で嫌気をさし赴任一年四か月余にして辞表を呈したので、実現しなかった。

抵抗運動の鎮圧

台湾民主国を滅ぼした樺山総督は明治二十八年（一八九五）十一月十八日、日本帝国大本営にたいして台湾全島の平定を報告したが、台湾における武装抗日運動が終熄したわけではなかった。十二月には台湾北部で林大北《りんだいほく》・林季成《りんきせい》らが決起して宜蘭《ぎらん》を包囲し、かつ頂《ちよう》双渓《そうけい》、瑞芳《ずいほう》の日本守備隊を襲撃した。その直後報復にでた日本軍によって殺戮された者は二八三一人に達した（台湾経世新報社『台湾大年表』17頁以降）。

また師走から翌二十九年元旦にかけて、詹振《せんしん》、陳秋菊《ちんしゆうきく》、胡阿錦《こあきん》、簡大獅《かんだいし》などが台北城の奪還をこころみた。全島が騒然とし、日本本土から第二師団の補充兵と混成第七旅団が鎮圧の援軍として派遣され、抗日ゲリラを数千殺戮してようやく鎮圧することができた（杉山『台湾歴代総督之治績』98頁）。こうしたこともあって、日本帝国大本営はようやく四月になってから閉鎖されたのである。

この年の後半にも中南部各地で騒乱が起こり、六月に簡義《かんぎ》が鹿港《ろくこう》を襲って南北の交通を断ち、十月には詹振が台北近郊の錫口《しやくこう》、南港《なんこう》を襲撃した。十一月になると鄭吉生《ていきちせい》が鳳山《ほうざん》で、柯鉄《かてつ》が雲林《うんりん》で蜂起し、台湾に寧日はなかった。

越えて明治三十年（一八九七）、この年の四月に南部の潮州《ちようしゆう》、東港《とうこう》付近で住民が蜂起して交通が杜絶し、総督府は軍艦海門を東港に廻航させた。南部にかぎらず、この月に台湾各地で蜂起がおこっている。四月を除外しても、この年各地でおこった反乱は一三件もあり、ことに五月の台北、三張犂《さんちようれい》の峰起で、抗日ゲリラは死者二五〇人を出している。

こういう状態であったから、樺山・桂・乃木三代の総督の下にあった台湾総督府は、抗日ゲリラの鎮圧に明け暮れたといっても過言ではない。

台湾総督府は日本最初のこの植民地にてこずったが、総督府自身にも問題があった。上意は必ずしも下達《かたつ》せず、官・兵の持する法的基準は一致せず、しばしば政令一途に出でざるの観をていした。これに朝令暮改が拍車をかけた。乃木のすすめた「三段警備」がその好例である。

明治三十年当時の台湾には、「平定」以降ずっと駐屯していた三個連隊約一万一〇〇〇人の軍隊のほかに、憲兵四〇三九人、警官三三五〇人が駐在していた。いずれも警察権を行使し、地位によっては司法処分権をも行使するのであるが、命令がまちまちであるため、台湾人はいずれのいうことを基準にしてよいのか、わからない。しかも警察と軍隊は不仲でしばしば衝突するというありさまであった。

そこで乃木は軍・憲・警の衝突を調和するため、台湾の各地域を三種類にわけた。抗日ゲリラの根拠地となり、物情もっとも不穏な山間を一等地＝危険界と指定し、軍隊と憲兵をもって対処する。抵抗の比較的少ない地域は二等地＝不穏界として、憲兵と警察の共同警備とする。民情の安定している村落都邑《とゆう》は三等地＝安全界として、警察に委ねる。こうした建前とは別に、警備配置自体必ずしももっぱらゲリラ対策上の考慮によるものではなく、支配者の権力配分に由来する要素もあった。

「三段警備」は明治三十年六月二十六日から実施されたが、明治三十一年二月に総督が更迭するや、児玉総督によって六月二十日に撤廃された。皮肉にもそれは乃木が三段警備を実施したのと同じく、命令の不統一や軍警の軋轢《あつれき》を招くとの理由によるものであった。抗日ゲリラの消滅作戦について、乃木総督は宜蘭警察署長の提案を入れ、「土匪《ゲリラ》招降策」をとった。その結果明治二十九年十一月には北部の林大北など八七九人が投降し、十二月には雲林の簡義らが投降した。しかし、投降者の数は抗日ゲリラのごく少数でしかない。台湾各地ではゲリラがいぜんとして活動していた。

高野孟矩事件

領台当初の総督府官吏は腐敗していた(『台湾統治史』南国出版会、50頁)。この腐敗に猛然と立ち向かったのが、台湾高等法院長兼民政局法務部長の高野《たかの》孟矩《もうく》であった。苦学して裁判官になった高野は、その才能をみこんで娘をめとらせようとした司法大臣芳川顕正《よしかわあきまさ》の要請を断った硬骨漢である。

明治二十九年四月台湾総督府法院条例の発布によって、台湾の裁判所は高等法院・覆審法院・地方法院の三審級制になっており、高野は裁判所の最高のポストである高等法院長の座についた。百鬼横行の台湾官界を高野は容赦なく摘発した。高等官十数名が逮捕され、勅任官にして家宅捜査を受けた者もおり、上京中の水野民政局長の逮捕も噂された。三十年六月、乃木総督は上京して中央当局と台湾の官紀刷新をはかり、水野を免職したほか、財務部長山口宗義、学務部長伊沢修二に非職（官吏としての地位は保持するが、職務は解任）を命じた。このとき、通信部長土居通豫も辞職している。ところが不可解なことに、汚職を摘発した高野自身、台湾総督から法務部長としての兼職を解かれたのである。

その後高野は招電によって上京し、主務として留任していた高等法院長を辞職するよう松方総理から勧告を受けたが、高野がこれをけったため、十月一日に非職を命ぜられた。高野は司法官の進退は憲法第五八条第二項で保障されていると主張し、非職処分を不当だとして、非職辞令書を突きかえし、本人は帰台して総督府に帰任届けを提出した。

高野の非職は汚職官吏の摘発に端を発したのであるが、台政刷新を施政方針にかかげたはずの乃木総督は、「貴下は非職者にして職務に服すべきものにあらず」として帰任届けを高野に送りかえした。それでも高野は高等法院に出勤したため、総督府は警察をもってかれを排除し、けっきょく高野は高等法院をでて、十一月四日に台湾を離れた。高野の行動を支持する台北地方法院長川田藤三郎、判事加藤金三郎、新竹地方法院長戸口茂里はかれの後を追って辞職した。

高野問題は乃木総督の政治的無能と、終始一貫性に欠けることを示すものであり、乃木も翌三十一年二月に総督を辞した。この事件で露呈した裁判官の身分保障問題が「台湾に帝国憲法の適用はあるか」についての憲法論争に発展した。

松方内閣の発した非職および免官辞令を不法とする高野の身分保全訴訟は、明治三十二年七月に東京地裁から却下され、高野の敗訴に終わっている（『警察沿革誌』第二篇下、13頁）。

高野事件を境に法院は明治三十一年に覆審法院と地方法院の二審級制になったが、その後大正八年に再び三審級制に復帰した。すなわち、高等法院と地方法院のほか、高等法院をさらに覆審部と上告部（終審）とにわけ、全体として三審級制とするものである。その後若干の修正があるが、この制度は総督府の終焉までつづく。

児玉総督と後藤新平

児玉・後藤コンビ

松方内閣が倒壊したあとに第三次伊藤内閣が成立し、桂太郎は宿望の陸相として入閣し、ここに児玉源太郎台湾総督が実現した。桂の後押しではあるが、伊藤総理に近い児玉の起用はきわめて自然であったといえる。児玉は明治二十五年から陸軍次官をつとめ、二十八年に中央における台湾総督府の主務官庁たる台湾事務局の委員を兼任したことがあるので、台湾とは無縁の存在ではなかった。かれは、明治二十九年に陸軍中将に昇進し、三十一年、第三師団長に補され、同年にそれを免ぜられて台湾総督に就任したのである。

児玉は台湾総督の座にいながら、中央での兼職が多かった。明治三十三年から三十五年三月まで伊藤・桂両内閣の陸相を歴任。三十六年七月行政整理をなしえなかった内海内相の後をおそって内相に就任。同月、汚職事件で菊池文相が問責されたために文相を兼任。同年九月、文相兼摂を解かれ、十月に参謀本部次長就任のため、内相を免ぜられる。三十七年、日露戦争が勃発するにおよび、大本営参謀次長兼兵站《へいたん》総監、同年陸軍大将に昇進し、満州軍総参謀長として出征。三十八年、遼東守備軍司令官臨時事務取扱になり、復員後は参謀本部次長事務取扱。三十九年、参謀総長に任命されるにおよんでようやく台湾総督を免ぜられた。

このように台湾総督としての在職期間は長いが、最初の二年を別にして、中央での兼職や外征により、台湾不在の期間が長く、その台湾統治は民政局長後藤新平に負うところが大きかった。

改制によって民政局長から民政長官になった後藤新平は岩手の産、家僕をしながら苦学して医師になり、ドイツに留学して帰国後、内務省衛生局長となる。その任内に相馬家相続事件にまきこまれて収監され、日清戦争勃発数か月前の五月に保釈出獄し、十二月に無罪判決を受けた。

翌二十八年四月、臨時陸軍検疫部事務官長に任命され、二〇万にのぼる帰還将兵の検疫をおこない、遠征先から持ち帰った疫病が内地に蔓延するのをくいとめた。このとき検疫

後藤新平（左）と児玉源太郎

部長であったのが、児玉源太郎である。後藤は同年衛生局長として復活し、「台湾阿片制度ニ関スル意見」を提出、その識見をかわれて二十九年（一八九六）四月に台湾総督府衛生顧問に任命された。第二代総督である桂は、台湾衛生院を新設して後藤に委ねようとしたが、民政局長の権限を侵蝕することになるとの理由でこれは流産した。三十年、乃木治下の台湾における政治の紊乱《びんらん》は人を得ないためだとして、同年末、大磯の群鶴楼に静養していた桂太郎と、来訪中の伊藤博文、陸奥宗光、西郷従道らは後藤を乃木に配することを決定した。一介の衛生局長にすぎなかったにもかかわらず、かれは重臣たちから嘱目されていたのである（宿利重一『児玉源太郎』317頁）。

年が明けて第三次伊藤内閣が発足し、伊藤総理は後藤に民政局長就任を勧誘したが、乃木総督の辞表が受理されたために、結果的には乃木の下で民政局長を勧めることなく、児玉新総督の下に赴任することになった。

こうして後藤は明治三十一年（一八九八）三月、台湾へ赴任した。四二歳であった。職称は同年六月二十日から「民政長官」にかわり、明治三十九年四月に総督が佐久間左馬太にかわったあとも、かれは半年にわたって佐久間の下で民政長官をつとめた。しかし後藤は、その八年八か月にわたる任期のほとんどを児玉総督の下で過ごしたのである。後藤の多大な業績により、この時期は一般に「児玉・後藤時代」と称される。

児玉は総督辞任三か月後に、五五歳で没したが、後藤は民政長官辞任後、満鉄総裁、逓相（第二次および第三次桂内閣）、鉄道院総裁、内相、外相（いずれも寺内内閣）、東京市長、内相（山本内閣）を歴任して、昭和四年に七三歳で没した。

阿片漸禁政策

後藤の最大の功績は台湾の衛生の向上であるが、一般にはその阿片《アヘン》政策が注目されている。清国は阿片の害毒によって「東亜の病夫」といわれるまでに弱体化してしまったが、清国統治下の台湾も例外ではなく、明治二十八年の段階では阿片輸入税だけでも年間八〇万円に達していた。

日本本国では阿片は厳禁されていたので、台湾でもそうすべきだという意見があった。他方、一部の人たちは治安上の理由から厳禁論に反対した。いわく「台湾土民に対し阿片烟を喫することを厳禁するときは、民情に反対し帝国に心服するの妨となり、終に土寇の蜂起を免る可からざるが故に、若し之を厳禁せんと欲せば常に二師団以上の兵を駐在せしめ、数千の生命を犠牲に供するに非ざるよりは、仮令《たとい》兵力を以て威圧せんとするも、其目的達する能はざるべきこと」だというのである。

この意見は内務省衛生局長後藤新平の「台湾阿片制度ニ関スル意見」で紹介されているが、この意見書において後藤は、阿片癮者《いんじゃ》の反感によって生じうる政治上の不安を解消し、あわせて財政上の増収をはかる「阿片漸禁策」を考案し、それが乃木総督時代に台湾阿片令（明治三十年律令第二号）として結実した。

阿片吸食《きゅうしょく》のもたらす害毒を考えるとき、阿片癮者の絶滅こそは、いかなる建設よりも優先すべきものであるにもかかわらず、台湾総督府は昭和十八年までに台湾阿片令を五度も改正しながら、一貫して漸禁政策をとった。驚くべきことに、阿片製造は昭和十九年九月にようやく中止された。阿片専売の終止は、第二次大戦終戦二か月前の昭和二十年六月十七日、日本の台湾支配五〇周年記念日になってからである（台湾総督府『台湾統治概要』464頁）。

このように台湾総督府五〇年の歴史をつうじ、一貫してとられた漸禁策は、台湾総督府衛生顧問としての後藤が軌道をしいたものであり、後藤の施策の一つとして看過できない。

後藤のとった漸禁策をふり返ってみると、不健全な台湾総督府財政の穴を埋めるために阿片を利用したきらいがある。ちなみに児玉・後藤時代における台湾総督府の阿片収入は、最初の年の一六四万円から多い年には四四三万余円にものぼっており、経常的に歳入の一五ないし三〇パーセントを占めていたのである。
また、癮者の台湾人口に占める比率をみると、漸禁策をとってから吸食者の数がむしろ逆にふえている。これは隠れて吸食していた癮者が、阿片取得が困難になったために特許を申請するようになった面もあろうが、そればかりとは思えない。阿片令にきびしい罰則があるとはいえ、それはもっぱら吸食の特許鑑札所持についての規定であって、台湾総督府は阿片専売による増収を優先させたことは明らかである。台湾の阿片害は後藤の努力で改善されたと礼賛する人が多いが、むしろ批判的観点から見直す必要があろう。

支配の基礎づくり

総督府による支配を実り多いものにするために、後藤はいくつかの措置をとった。それは一連の調査事業と産業・交通の整備である。「調査なければ発言権はない」とは毛沢東のことばであるが、後藤新平はこの面での毛の先輩である。

日本帝国の台湾支配は、日本人による異民族支配である。異民族の慣習や社会制度に無知であっては統治に円滑を欠くし、日本の法令制度を導入するさい、大きな摩擦はさけられない。したがって、台湾の旧慣に習熟する必要がある。そこで明治三十四年に臨時台湾旧慣調査会がつくられ、同会規則によって民政長官が会長を兼ねることになった。これは後藤が長官の座にいることを前提にしたものであるが、後継の民政長官もこれにならった。

明治三十一年（一八九八）律令《りつれい》第八号をもって、日本本国の民法、商法、刑法およびその付属法は台湾に施行されたが、そのいずれも日本本国人が関連しているばあいに限っており、台湾人または清国人同士の行為に関しては適用はなく、従来の慣行によって処断することになっていたので、種々の慣行を研究する必要があった。

旧慣調査は政治上の目的に供するためではあったが、調査にあたっては、児玉・後藤は学術的態度でのぞむことを許し、こうして京都帝大教授岡松参太郎、同じく織田万《おだよろず》を要員に招くことができ、後世に残る浩瀚《こうかん》な研究成果を得ることができた。こころみに挙げると、つぎのものがあり、いずれも爾後、この分野でこれらに匹敵するものをみない。

『臨時台湾旧慣調査会第一部調査第一回報告』全三冊（明治三十六年）

同『第二回報告書』全四冊（明治三十九～四十年）

『臨時台湾旧慣調査会第二部調査経済資料調査報告』全二冊（明治三十八年）

『台湾私法』全一三冊（明治四十三年）

『清国行政法』全七冊（明治四十三年～大正三年）。

政治的な事業とはいえ、台湾風俗習慣の研究整理は、変わりゆく文化の態様を研究するさいの素地になり、台湾の文化的遺産として残った。また、法制に関する研究は、台湾における それに限らず、清朝研究の手引きとして、日本の支那学《シノロジー》の進捗《しんちょく》に大きく貢献した。

交通網の建設

交通は産業の動脈である。この意味で後藤がおこなった道路修築、鉄道建設、築港事業は意義ぶかい。

台湾は劉銘伝《りゆうめいでん》時代に基隆から新竹まで一〇〇キロにわたる鉄道がしかれ、また安平、高《たか》雄《お》、淡水、基隆の良港があった。しかし鉄道敷設技術が未熟であり、港湾も大型船舶の寄港に適さなかったので、領台後はやくから増改築の議があった。それを実行にうつしたのが後藤新平であった。後藤はその資金として、台湾事業公債に着目し、縦貫鉄道官設の計画をたて、二八八〇万円を起債してこれにあてた。明治三十二年から起工し、北部は清国時代からの在来線を改良するにとどめ、新竹以南三叉《さんさ》までは明治三十七年初頭に竣工、他方高雄を起点として北にむかって建設しつつあった鉄道も同じときに斗南《となん》に達した。縦貫線が南北接続にいたらないうちに、日露戦争遂行上の必要から中間部分を臨時新線で接続し、縦貫線の本格的接続は四十一年四月を待たねばならなかったが、台湾の南北を貫く縦貫線の敷設は経済的、社会的に大きな意義がある。とくにそれは後述の道路整備とともに、台湾住民同士の交流を容易にし、村的規模の視野と意識とを、さらに広い地域へ、そして最終的には台湾全土の規模へと拡大してゆく台湾人としてのアイデンティティの形成に役立った。これは台湾総督府の意図するところではなかったが、看過しえない業績である。

基隆築港工事は後藤にとってはいわば継続事業であり、かれには大計画があったが、予算にはばまれ、第二次工事までしかできなかった。しかし道路の幅員拡張と延長にはみるべきものがあり、明治三十九年にかれが民政長官を辞するころには、幅一・八二メートル以上の道路は明治三十二年当時の三倍強、六三八八キロメートルに達した。就中、七・二七メートル幅以上の道路も倍増している。これは後述の保甲を動員しての義務労働の成果である。

製糖業の振興

産業面では、製糖業を近代的な工業生産に高め、水力発電事業をおこして、工業発展の礎とし、礦業もいちじるしく進展した。

台湾はオランダ時代から砂糖の産地として知られており、生産高は清国統治末期で三万トンないし五万トンであった。しかし工場は牛を動力とする石臼の旧式の糖廍《とうぶ》であり、糖産の大部分は含蜜糖（黒砂糖）で、しかも均質ではなかった。児玉らは殖産課嘱託山田《やまだ》熙《ひろし》の献策を入れて製糖工場の近代化をはかり、かつ殖産局長新渡戸《にとべ》稲造《いなぞう》を使って蔗種の改良を進めた。もっとも児玉・後藤らのとった政策は本国資本を肥らせるものであった。明治三十五年（一九〇二）律令第五号「台湾糖業奨励規則」は、つぎのように規定している。

第一条　甘蔗《かんしや》ノ耕作又ハ砂糖ノ製造ニ従事スル者ニシテ台湾総督ニ於テ適当ト認ムル者

ニハ左ノ費用ニ対シ奨励金ヲ下付ス
一、甘蔗苗費又ハ肥料費
二、開墾費
三、灌漑費又ハ排水費
四、製糖機械器具費
第二条　台湾総督ノ定ムル数量ノ原料ヲ以テ砂糖ノ製造ニ従事スル者ニハ補助金ヲ交付スルコトヲ得
第三条　甘蔗耕作ノ為ニ官有地ヲ開墾スル者ニハ之ヲ無償ニテ貸付シ全部成功ノ後無償ニテ其ノ業主権ヲ付与ス

じつに至れり尽くせりの保護である。すでに明治三十三年には元老の井上馨、三井の益田孝、糖商鈴木藤三郎の出資により、当時日本では、大会社に属する資本金一〇〇万円のマンモス会社、台湾製糖株式会社が創立されていたが、つづいて新興製糖（創立同三十六年、資本金二四万円）、塩水港製糖（三十七年、三〇万円）、明治製糖（三十九年、五〇〇万円）、大日本製糖（四十年、二七〇〇万円）、帝国製糖（四十三年、五〇〇万円）などが続々と創立された（宿利『児玉源太郎』370頁）。

かように、日本本国の財閥資本は台湾に雪崩れこみ、台湾の土着資本も新式製糖会社を設立したが、それもいつしか日本本国資本に屈して併合されていき、旧来の土着糖廍も衰退の一途をたどっていく。また台湾人の耕作している土地を強制買収したり、「官有地」として占有したりして、しばしば争議の種となった。たとえば一日本人実業家愛久沢直哉は彰化庁長小松吉久を使い、庁下の土地約三〇〇〇甲（一甲は〇・九七七町）を買収するのに、一昼夜のみで完成させている。

台湾の製糖業は、明治三十五年の三万トンから、児玉・後藤時代の終わりには六万トンに倍増し、昭和十二年に一〇〇万トンを突破、太平洋戦争中には最高一六〇万トンの砂糖を生産する能力を持つにいたった。これは作付面積の拡張、蔗苗の改良、新式工場による製糖技術の向上によるものであり、後藤の功績ではあるが、結果的に台湾人の享受できたのは、製糖会社の下級職員もしくは蔗作を生業とするのみであった。

このほか、児玉・後藤時代の台湾総督府は農林牧畜の増産に力を入れ、また各種礦脈の探査をおこなって、礦産でもめざましい成績をあげた。明治三十年に一万三〇〇〇円であった礦産は、三十八年には二四四万円に達している。さらに明治三十三年には度量衡を統一、明治三十八年には最初の発電所を建設し、台北市街に電気を供給した。こうした産業振興は当然のことながら、台湾総督府の税収をふやしていった。

財政独立の実態

台湾は本国から遠く離れ、いったん緩急あれば、経済上の独立を保つ必要があるとして、本国政府は明治三十年に台湾銀行法を制定し、また、同年から台湾に特別会計制度をしいた。台湾総督府の会計を中央予算とは別個の存在としたのである（ただし、予算は帝国議会の協賛を要した）。

台湾銀行は紙幣発行権をもち、国庫業務を代行するが、株式会社組織であって、中央政府・皇室の出資のほかに一般から株式の五分の四を公募し、明治三十三年（一九〇〇）に発足した。台湾の特別会計にたいして、中央政府は明治四十一年まで毎年漸減式に補助金を与える予定で、その歴年総額を三〇〇〇万円と設定した。しかし、三四二四万円を費消しただけで、明治三十八年をもって台湾総督府は補助金を辞退した。台湾財政は補助金なしで自立できるようになったのである。

では財政独立はどうやって達成しえたのか、試みに明治三十九年の総督府の歳入をみよう。この年の歳入は三〇六九万二一七三円で、そのうち経常収入は二五六五万六六七二円である。経常収入のうち、地租二九八万三五五一円（一一・六パーセント）、砂糖消費税二三九万九九八七円（九・四パーセント）、阿片専売収入四四三万三八六二円（一七・三パーセント）、食塩・樟脳・煙草専売収入は八六二万一三〇七円（三三・六パーセント）である。以上の項目だけで経常収入の七一・九パーセントを占めている。児玉・後藤体制下の台湾総督府は、阿片などの専売制度をつうじて台湾人から多額の金銭を吸いあげ、また製糖業者にたいする製糖税を廃止して業者の利潤を高めた反面、台湾人が大多数を占める一般

表3　台湾財政一覧表

年度	収入	公債	国庫補助	累計
明治29年	2,710,000	—	6,940,275	9,650,275
〃 30年	5,320,000	—	5,959,048	11,279,123
〃 31年	8,250,000	—	3,984,540	12,234,540
〃 32年	11,750,000	3,200,000	3,000,000	17,950,000
〃 33年	14,900,000	5,500,000	2,598,611	22,998,611
〃 34年	13,800,000	4,864,382	2,386,689	21,051,071
〃 35年	19,497,579	4,740,000	2,459,763	26,697,342
〃 36年	20,037,532	4,068,751	2,459,763	26,560,047
〃 37年	22,333,115	3,500,000	700,000	26,533,047
〃 38年	25,199,149	215,994	—	25,414,145
〃 39年	30,692,173	—	—	30,692,173

民衆から砂糖消費税を新設徴収する手法をとったのである。

ここで地租に触れなければならない。台湾の土地所有形態は複雑であり、開墾などによって所有権を得た者を大租戸《だいそこ》（墾首）と称し、大租戸から耕作権を得た者を小租戸（墾戸）と称した。そしてしばしば小租戸はさらに小作人（佃戸《でんこ》）に土地を貸与する。

後藤は明治三十一年に臨時台湾土地調査局を創設して自ら局長になり、全島の土地を測量し、多量の未登記の土地―隠田《いんでん》を発見した。測量前三六万余甲と信ぜられていた土地は、その実六三万余甲であることが判明した（鶴見祐輔『後藤新平』台湾統治篇上、275頁）。

土地調査が終了すると、総督府は大租権を買いあげて、土地所有権を小租戸一本にしぼり、大租権買収費を地租に付加して小租戸に課したので総督府の租税収入は二倍にとどまらず、三倍強に達した。大租権買収費が一時的支出であるのにくらべて、地租は経常収入になる。

後藤行政の特徴は奇想天外な発想とそれを実行に移す迫力にくわえて、腹心をして緻密な計画をねらせ、そしてかれらに十分な権限を与える勇気を具備したところにあるが、それだけではない。植民地人に義務労働を課するほか、雑多な税金を課し、本国の政府と企業家を潤わすところに、格別の才能があったとみるべきだろう。

抗日ゲリラ対策

乃木総督が手をやいた抗日ゲリラは児玉・後藤時代でも変わりはなかった。後藤の告白によると、かれが赴任した明治三十一年から三十五年までの五年間に、総督府が殺害した「叛徒」は一万一九五〇人に達している（後藤新平著・中村哲解題『日本植民政策一斑』64頁）。日本が台湾を領有してから明治三十五年までの八年間に、日本政府側の統計にあらわれている分だけでも、台湾人の被殺戮者数は三万二〇〇〇人に達するのである。これは台湾人口の一パーセントを上まわる。ことに児玉・後藤コンビ時代の台湾人殺害数が、初期の台湾攻防戦時に匹敵することにあらためて注目すべきである。

かかる殺戮の法的根拠として考案されたのが、児玉・後藤コンビの赴任直後に発布された「匪徒刑罰令」（明治三十一年律令第二四号）であり、それは未遂犯でも本刑を課し（第三条）かつ遡及効果をもつ（第七条）苛酷なものであった。

匪徒刑罰令

第一条　何等ノ目的ヲ問ハス暴行又ハ脅迫ヲ以テ其目的ヲ達スル為多衆結合スルヲ匪徒ノ罪ト為シ左ノ区別ニ従テ処断ス

一　首魁及ビ教唆者ハ死刑ニ処ス

二　謀議ニ参与シ又ハ指揮ヲ為シタル者ハ死刑ニ処ス

三　附和随従シ又ハ雑役ニ服シタル者ハ有期徒刑又ハ重懲役ニ処ス

第二条　前条第三号ニ記載シタル匪徒左ノ所為アルトキハ死刑ニ処ス

一　官吏又ハ軍隊ニ抗敵シタルトキ

二　火ヲ放テ建造物汽車船舶橋梁ヲ焼燬《き》シ若ハ毀《き》壊シタルトキ

三　火ヲ放テ山林田野ノ竹木穀麦又ハ露積シタル柴草《さいそう》其他ノ物件ヲ焼燬シタルトキ

四　鉄道又ハ其標識灯台又ハ浮標ヲ毀壊シ汽車船舶往来ノ危険ヲ生セシメタルトキ

五　郵便電信及電話ノ用ニ供スル物件ヲ毀壊シ又ハ其他ノ方法ヲ以テ其交通ノ妨害ヲ生セシメタルトキ

六　人ヲ殺傷シ又ハ婦女ヲ強姦シタルトキ

七　人ヲ略取シ又ハ財物ヲ掠奪シタルトキ

第三条　前条ノ罪ハ未遂犯罪ノ時ニ於テ仍《なお》本刑ヲ科ス

第四条　兵器弾薬船舶金穀其他ノ物件ヲ資給シ若ハ会合ノ場所ヲ給与シ又ハ其他ノ行為ヲ以テ匪徒ヲ幇助シタル者ハ死刑又ハ無期徒刑ニ処ス

第五条　匪徒ヲ蔵匿シ又ハ隠避《いんぴ》セシメ又ハ匪徒ノ罪ヲ免カレシメンコトヲ図リタル者ハ有期徒刑又ハ重懲役ニ処ス

第六条　本令ノ罪ヲ犯シタル者官ニ自首シタルトキハ情状ニ依リ其刑ヲ軽減シ又ハ全免ス本刑ヲ免シタルトキハ五年以下ノ監視ニ附ス

第七条　本令ニ於テ罰スヘキ所為ハ其本令施行前ニ係ルモノモ仍本令ニ依テ之ヲ処断ス

日本軍や台湾総督府当局の蛮行にたいする抵抗への報復弾圧が、厖大な被殺戮者数を生んだのであるが、外援もなしに一孤島で「旭日昇天」の勢いをみせていた日本帝国を相手にした抵抗運動は、時を経るにしたがってしぼんでいくのも当然のなりゆきであった。ゲリラと民衆との関係は魚と水の関係だといわれる。民衆の支持があってこそ、ゲリラは強大化していく。だが長期にわたる抵抗、はげしい抵抗は、社会的混乱をもたらし、民衆を疲弊させる結果を生むという一面があり、その存在基盤は崩れていった。明治二十九年十一月から投降者がみられ、台湾総督府はこれに着目し、種々の招降策を考案した。投降者には罪を免じ生業を与えるほか資金を提供するなどの便宜をはかった。児玉・後藤も招降策をとり、その結果、明治三十五年までに抗日勢力はいちじるしく弱体化し、この年をもって日本の台湾支配は確立されたとみられる（許世楷『日本統治下の台湾――抵抗と弾圧』153頁）。

だが、言語がつうじず、風俗習慣のちがう異民族間の交渉に、悲喜劇は事欠かない。総督府側は、抗日運動者の資料蒐集を目的として、投降希望者を集めては「帰順式」を挙行して、写真を撮ることにしていたが、「正業」につかせるための金品を与えるので、「帰順式」に参加した抗日運動者の中には、総督府の役人が抗日運動に投降したと思いこんでいた者もあったようである。

逆に、いったん「帰順」しても再びゲリラ活動を始める者もいたため、総督府側は疑心暗鬼になり、帰順式に名をかりて、大虐殺をおこなった例もある。たとえば明治三十五年における張大猷《ちょうだいゆう》らの帰順式において、警察側が約束に反して帰順者を捕縛しようとしたことに反抗したゲリラは、その場で七八人が殺されている（『警察沿革誌』第二篇上、452頁）。

治安対策として児玉・後藤コンビが沿用したのが、清国統治時代の悪名高い保甲制度であり、これは総督府の終焉直前までつづいた。

一〇戸を甲とし、一〇甲を保とする。そして、「保及甲ノ人民ヲシテ各連坐ノ責任ヲ有セシメ其連坐者ヲ罰金若ハ科料ニ処スルコトヲ得」るようになっている（明治三十一年律令第二一号「保甲条例」第二条）。このような規定により、たとえば明治三十四年の樸仔脚《ぼくしきゃく》支庁襲撃事件では、保甲の人たちが連坐して過怠金一四〇〇円を科せられ、明治四十年の北埔《ほくほ》支庁襲撃事件では、三七名の保甲民が二四二〇円の過怠金を科された（鷲巣敦哉『台湾保甲皇民化読本』141頁）。日傭農夫の賃金が一八銭から三五銭の時代のことである。

後藤の治績のひとつに、戸口調査もあげられている。日本本国においては明治三十六年に国勢調査をおこなう旨決定されていたが、実施できなかった。台湾総督府は同年から準備をすすめ、三十八年に「第一回臨時戸口調査」を実施したが、これは住民の実態をつかむためで、保安措置のひとつである。その後大正二年に第二回の臨時調査、大正九年に日本内地と同時に第一回国勢調査、爾後五年ごとに国勢調査がおこなわれた。

良きにつけ、悪きにつけ、後藤の残した足跡は大きい。五〇年にわたる支配期間を通じて最も大きな影響を与えた人ではなかろうか。

弾圧と建設

佐久間総督

明治三十六年に児玉は内相から参謀次長に転ずるにあたり、後任総督として後藤民政長官を推そうとした。総督は中将または大将をもってあてるという官制を改正してまで、後

佐久間左馬太

藤を後釜にしようというのである。それだけ日本帝国にとって、後藤は優れた植民地統治者としての評価を受けていた。しかし、後藤は後任総督になることを固辞し、それで児玉はやむなく台湾総督を兼任しつづけた。

そして児玉が全軍の最高峰たる参謀総長に就任するにおよび、ようやく佐久間がその後釜におさまったのである。

第五代総督佐久間左馬太《さくまさまた》は、弘化元年（一八四四）に長州藩士の次男として生まれた。幼名を岡村直矩といい、一四歳のときに、かれより四歳年下の毛利藩士佐久間竹之丞の仮養子になった。そして二か月後に病弱の竹之丞が死ぬとその家督を継ぐ。明治五年に陸軍大尉、明治七年の台湾出兵時には中佐で、「台湾蕃地事務都督参謀」として台湾遠征に加わった。十九年に陸軍中将、二十一年に第二師団長、日清戦争後は近衛師団長をへて三十一年大将に昇進した。三十五年に休職を命ぜられたが、日露戦争時に復職を命ぜられ、東京衛戍《えいじゅ》総督に就任し留守近衛師団長事務取扱を兼任、三十九年（一九〇六）に台湾総督に任命された。

佐久間総督は民政長官に後藤新平を留用したが、その七か月後の明治三十九年十一月、後藤は参謀総長児玉源太郎の満州政策を具現すべく満鉄総裁に赴任のため、民政長官を辞した。ところが、植民地台湾への後藤の執念はすさまじく、自分の発案で、勅令をもって「台湾総督府顧問」の職制を設けさせ、自分自身がそれについた。

児玉よりも軍歴において先輩であり、児玉を「源太」と呼びすてにする佐久間は「島内政務の大綱を与《あずか》り聴く」顧問を設けたことにたいして、「源太アなれば顧問は要らぬが儂《わし》になっては特別に顧問を要するとは何事ぞ」と怒り、挂冠《かいかん》の動きをみせたが、勅任級の者《き》老《ろう》である長谷川謹介や、のちの民政長官祝辰巳《いわいたつみ》らの折衝で、ようやく顧問制度を納得させた（『佐久間左馬太』822頁）。しかし、その後顧問制度は二年たらずで廃止されている。

めまぐるしい民政長官の交替

佐久間の下で二代目の民政長官になったのが祝辰巳《いわいたつみ》であるが、それは後藤の推薦によるもので、佐久間はまったく相談にあずかっていない。祝は台湾総督府の古参幹部であり、明治二十九年に総督府関税課長から身をおこし、財務局長、専売局長、殖産局長兼臨時台湾糖務局長になり、後藤閥のひとりであった。後藤は終生にわたり、自分が在任した職位の後任者として、その当時の直属下僚をあてる習癖があった。民政長官の後継者にした祝を皮切りにして、爾後満鉄総裁時代の副総裁中村是公《ぜこう》を総裁に、内相時代の次官水野錬太郎を内相に、東京市長時代の助役永田秀次郎を市長に推して成功している。

祝は民政長官としての資格を十分備えていたが、同じく後藤閥に属するきら星のように居ならぶ同僚を押しのけて民政長官になったため、その座は必ずしも愉快ではなく、明治四十一年に病を得て没した。かれは遺産を残さず、遺族は秋風落寞として目もあてられない有様であったといわれるところからみると、相当に廉潔な官吏であろう。

祝の死後、後藤閥と、最古参の大島警視総長とのあいだで後任争いがおこったが、後藤がロシア旅行で干渉できないまま、佐久間総督は大島を民政長官に起用した。勅任最古参であるほかに、警視総長としてゲリラ殲滅《せんめつ》でたてた勲功にむくいる意味もあったが、事後になって知らされた後藤はすこぶる不快であったという（『佐久間左馬太』823頁）。

明治四十一年（一九〇八）に佐久間総督の三代目民政長官をになった大島久満次《くまじ》は、慶応元年（一八六五）に愛知で生まれ、明治二十一年東京帝大英法科を卒業して、衆議院書記官になり、明治三十年ごろ台湾総督府に転任してきた。かれは後藤新平には重用されたが、後藤閥には名を連ねていなかった。かれは明治三十年に法務課長になり、警察本署長（警視総長）を六年つとめたあと、総督府参事官、総務局長をへて民政長官になったのであるが、基本的には警察畑から民政長官がでたといってよいであろう。

民政長官時代の大島は「大島閥」を形成し、内務局長川村竹治《たけじ》、総務局長から総督府参事官に転じた山田新一郎などがその配下として、後藤新平の残党と対立関係にあった。

大島民政長官の起用は高砂族鎮圧を目標とする佐久間人事であり、大島はそれを二年あまりつとめたが、身辺にはつねに疑惑がついてまわった。まず、台湾筆頭の富豪である林《りん》本源家《ほんげんけ》に製糖会社創立の便をはかり、その報酬として多額の金品をもらった収賄事件がある。中央政府はかれを罷免する動きをみせたが、佐久間総督の庇護をえて、これをきり抜けることができた。だが阿里山官営林払い下げ問題で汚職事件をおこすにおよび、ついに辞職に追いこまれた(『佐久間左馬太』823頁)。これは後藤新平派による反撃にあったからだともいわれ、この事件に関係した大島派の幹部はことごとく辞職している(枠本誠一『台湾秘話』257頁)。

しかし、大島は政友会系であることから、辞任後明治四十五年一月に政友会の原内相(第二次西園寺内閣)によって神奈川県知事に任命されている。ともに辞職した内務局長川村も、同じく和歌山県知事に任命された。

総督につぐ民政長官の座は空席にするわけにはいかないので、不祥事で辞職した大島のあとに宮尾舜治が、民政長官事務取扱に任命された。

任命直前の宮尾は、本務の殖産局長のほかに彩票局長と専売局長とを兼ねていた。かれは明治三十四年からの台湾総督府官僚で、後藤閥のひとりである。経歴からいって、かれは民政長官を継ぐ資格があり、本人も正官に昇進できると思っていたようだが、期待に反して内田嘉吉《うちだかきち》が任命されたので、総督府を辞し去った。

内田嘉吉民政長官は明治二十三年東京帝大法科卒、総督府出身ではなかったが、後藤人脈とは無縁の存在ではない。かれは南満鉄道創立委員のひとりであったことから、後藤満鉄総裁に知られるようになり、第二次桂内閣で後藤が逓信大臣のときにその下で管船局長になった。明治四十三年に後藤が台湾など植民地の中央主務官庁たる拓殖局（初代総裁は総理が兼任）で親任待遇の副総裁になったとき、内田は拓殖局部長を兼任し、その縁故から台湾総督府民政長官に任命された（内田嘉吉「三度び伯を夢む」、『吾等の知れる後藤新平伯』所収）。

これら一連の人事は、後藤人脈の厚さを示すものである。もっとも佐久間総督は派閥にこだわらずに人材を起用し、内田をもかれは重用している。たとえば明治四十五年、第三次桂内閣で後藤が逓信大臣になり、次官に内田を招こうとしたが、佐久間総督は強引に内田を民政長官に留用したのである。

佐久間は武弁の人で、総督に就任しても、政治的に立ちまわらず、総督府主要幹部は児玉・後藤時代のまま、これを動かさなかった。後述のようにかれは、抗日運動の平定、ことに先人がさして手をつけなかった高砂族の鎮圧に執念を注いだのである。

高砂族などの鎮圧

原住民たる高砂族は、歴史的に移住民たる漢族系人に圧迫され、欺瞞による交易で搾取されてきたため、両者間の交流は少なく、加えて武力抗争は絶えなかった。高砂族は山地に逼塞《ひっそく》し、民度が低かったことから、漢族系人は不遜にも高砂族を「生蕃」(chhi^{n}-hoan)と称し、かれらをさげすんだ。新しい統治者になった日本人も高砂族を「生蕃《せいばん》」もしくは「蕃人《ばんじん》」と称した。のちに、大正十二年に摂政宮裕仁親王が訪台したのを機に「高砂族」という新しい名詞がつくられたが、それでも日本人は長らく「蕃人」の呼称を使ってやまなかった。

「高砂」は台湾の意味であり、高砂族とは「台湾族」のことで、原住民である人たちにふさわしい命名である。ちなみに第二次大戦後、それは「高山族」「山地同胞」という呼称に変わったが、かれらにたいする漢族系人の反省はなお、不足している。

総督府は当初、平原地帯を鎮圧することに没頭し山岳地帯にまでは手を延ばせないでいたが、佐久間総督の代に至り本格的に山岳地平定に乗りだした。その施策を「理蕃事業」という。

すでに乃木総督は清朝時代の隘勇《あいゆう》制度を沿用拡張し、漢族系人をして高砂族による襲撃の阻止にあたらせたが、佐久間はさらに徹底した政策をとった。

機構面では「蕃務本署」(明治四十二年から四十四年)を設け、巨費を投じて軍隊・警察・隘勇・人夫《にんぷ》による大部隊を編成し、誘降・弾圧を併用して明治三十九年(一九〇六)の就任から大正四年に辞任するまでその在職期間を通じて高砂族平定作戦は間断なく続けられた。

かれは明治三十九年から四十二年まで計一八回にわたって、平定部隊を派遣して高砂族を鎮圧または隘勇《あいゆう》線を延ばした。それは高砂族にたいする包囲網を各地につくって、これを山岳奥地に押しこめ、さらに包囲網を縮小して招降もしくは殲滅する作戦である。隘勇線には隘勇を配置するほかに、流電網をふくむ鉄条網をはりめぐらし、電気地雷や踏落地雷を敷設している。明治四十三年には平定五か年計画を立て、これに一六二四万円の予算を配して、徹底的に弾圧することを決定し、けっきょく大正四年までの五年間に、全島一二地域で作戦を展開した。

佐久間総督は陸軍大将の年齢制限で退役になるはずだったにもかかわらず、この五か年計画の実施のために総督をつづけることができた。各部隊はおよそ一〇〇〇から二〇〇〇人の規模であったが、最大規模をほこる大正三年の太魯閣《タロコ》タイヤル族攻撃のさいには、みずから司令官として陣頭指揮し、第一守備隊司令官平岡茂陸軍少将、第二守備隊司令官萩野末吉少将をしたがえ、動員した軍隊三一〇八人、警察三一二七人、これに人夫を入れると動員数は一万一〇七五人に達し、機関銃二〇五挺のほか、砲類五九門が配備されたほどの規模である。

こうした長期にわたる執拗《しつよう》な作戦により、山岳地帯は大正四年(一九一五)にはほぼ鎮圧された。大正三年までに設立された「蕃務官吏駐在所」一九、隘勇監督所四八、同分遣所四二六、隘寮七七九、砲台七にして、隘勇線の延長は大正三年末には四三六キロメートルに達し、ほとんど中央山脈を囲繞した（東郷・佐藤『台湾植民発達史』141頁）。もちろん総督府側の被害も大きく、軍隊、警察、隘勇、人夫の戦死者は明治三十九年から起算して、九四〇人以上、負傷者は一二二九人にのぼった（この鎮圧行動についてもっとも詳しい記述とみられる井出季和太『台湾治績志』第五章第三節にもとづいて計算）。高砂族の損害は大きかったはずだが、死傷者の数は不明である。高砂族は銃器八一一二挺を押収され、その後抵抗力は大いに弱まった。

人口十数万の高砂族の抵抗力の強さは、かれらが山岳生活に習熟していることも一因であろうが、その勇猛さは平地の漢族系人に優っているといわねばならない。また漢族系人が隘勇や人夫として「討伐隊」に加わったのは、強制的に、一家一人づつの人夫を出役させられたからであり、男なき寡婦の貧家では子女を売って出役人夫を傭わざるをえなかった（『警察沿革誌』第二篇上、795頁）。もちろん漢族系人自身、佐久間時代でもしばしば反乱をおこした。その主なものはつぎの事件である。

(1)北埔事件（明治四十年十一月）
(2)林杞《りんき》埔《ほ》事件（明治四十五年三月）
(3)土庫事件（明治四十五年六月）
(4)羅《ら》福星《ふくせい》事件（大正二年一月）

(5)李阿斉《りあせい》事件（大正二年六月）
(6)東勢角《とうせいかく》事件（大正二年十二月）
(7)沈阿栄《しんあえい》事件（大正三年二月）
(8)張火爐《ちょうかろ》事件（大正三年三月）
(9)六甲事件（大正三年五月）
⑽林老才《りんろうさい》事件（大正四年二月）

佐久間総督の在任期間は九か年にわたり、歴代総督の最高記録である。その主要任務は叛乱の平定、高砂族の鎮圧であり、その目的は達成されたとして大正四年に更迭され、新総督に安東が任命された。辞任三か月後、佐久間は七二歳で没した。

安東総督と明石総督

第六代総督安東貞美《あんどうさだよし》は、その後につづく明石元二郎《あかしもとじろう》とともに、いずれも朝鮮における武断政治の経験をも持っている点で類似している。

台湾総督の下には、明治二十九年から三十六年にいたるまで、陸軍三個混成旅団が配属されており、第一旅団が台北旅団、第二旅団が台中旅団、そして第三旅団が台南旅団とそれぞれ称された。日露戦争の勃発した明治三十七年に戦時中だけ「台湾守備軍司令官」がおかれたが守備部隊は増加したわけではなく、戦後には二個旅団に減少し、明治四十年には二つの守備隊に編成を変え、兵力もこれを機に二個連隊に削減されたようである。

第六代総督である安東貞美は、嘉永六年（一八五三）の信州生まれで、大阪兵学寮を卒業したあと陸軍少尉、参謀本部出仕、陸軍士官学校長、歩兵連隊長をへて、明治三十一年に、前述の三個旅団時代の台湾に少将として台湾守備混成第二旅団長として翌年まで台中方面の守備にあたった。三十八年に中将に昇進し、第一〇、一二師団長をへて四十五年朝鮮駐劄《ちゅうさつ》軍司令官に任命され、大正四年（一九一五）辞任と共に大将に名誉進級、同年台湾総督になった。

当時は、安東以外にも二、三の候補者があったが、大浦兼武内相らは有爵者が妥当だとし、陸軍最古参にして爵位を有する安東に白羽の矢をあて、陸軍首脳部の大島健一中将（翌五年に陸相）が交渉にあたった。ところが安東は「私は一介の武弁」にすぎないと称して、引き受けようとはしなかった。陸軍省当事者は困惑し、上京中の寺内正毅《まさたけ》朝鮮総督に説得を依頼して、ようやく就任を同意させることができた（『明石元二郎』下、21頁）。

がんらい、台湾総督は陸海軍の最古参にして爵位を有することが不文律になっており、総督の人選には主務官庁もこれにたずさわり、そして首相をへて奏薦する。しかし、第二代総督の桂太郎以降、総督の座は陸軍によって占められてきたので、当然ながら、人選についての陸軍側の発言力は強いとみねばならないだろう。

安東総督の任命に動いた大島中将は大隈内閣につづいて寺内内閣でも陸相を連任し、安東の後任としての明石総督の任命では、いっそう重要な役割をはたした。

明石元二郎

第七代総督明石《あかし》元二《もとじ》郎《ろう》は元治元年（一八六四）の福岡生まれ、明治十六年に士官学校を卒業、二十二年陸軍大学卒、二十七年ドイツに留学し、翌年帰国して近衛師団参謀となって、台湾領有作戦にあたった。その後参謀本部員、駐外武官をへて四十一年に韓国駐箚軍参謀長兼憲兵隊長として韓国併合で活躍し、大正三年に参謀次長、翌年に第六師団長になった。大正七年、陸軍中将であったときに台湾総督に任命され、大将に昇任するのを待ってから台湾に赴任した。翌八年改制とともに台湾軍司令官を兼任したが、同年福岡で病没した。総督が在任中に死んだ唯一の例であり、明石の遺志により遺体は台湾に運ばれ、台北市郊外の三《さん》板橋《はんきょう》で永眠することになった。骨を台湾に埋めた唯一の台湾総督である。

西来庵事件

ところで、第六代の安東総督にとって幸か不幸か、大正四年（一九一五）六月に赴任するや、西部一帯にまたがる大規模な叛乱、西来庵《せいらいあん》事件もしくは噍吧哖《タパニー》事件とよばれる事件に遭遇した。その指導者は巡査補を経験した余清芳《よせいほう》である。これは、台湾から日本人を追い出して、台湾の地に独立国たる「大明慈悲国《だいめいじひこく》」を樹立しようとした事件であり、台湾全島にまたがる叛乱であった。

その鎮圧には大砲による村落砲撃がおこなわれ、八月六日の噍吧哖（今の玉井）の攻撃においては三〇九人が殺されている。その他の各地でも多数の死者と逮捕者をだしているが、噍吧哖の関係で逮捕された者は余清芳以下一四六四人、そのうち死刑判決は九〇三人に達した。もっとも実際には死刑執行は二〇〇人にとどまり、七〇三人が無期懲役に減刑されている（『警察沿革誌』第二篇上、828頁）。

台湾はすでに安定期に入ったとされていただけに、この事件は日本本国にも大きな衝撃をあたえた。だが総督府の責任問題までに至らず、事件後に内田民政長官が辞任したのは、赴任したばかりの安東総督との不和と権限上の確執によるものである。

下村長官の誕生

内田のあとを継いで民政長官になったのが下村宏である。

下村は号海南、総督府民政長官としての業績は多く、経歴も官僚、政治家にとどまらないユニークな人物であった。かれは和歌山の士族を父にして明治八年に生まれ、三十一年に東京帝大法科を卒業して逓信省に入り、北京郵便局長をへてドイツに留学した、帰国後は同省貯金局長をつとめ、三〇代で高等官二等（勅任官）になるなど、はやくから俊才とはやされた。

ところで、安東総督とは縁故も面識もなかった一局長のかれが、なぜ民政長官に抜擢《ばってき》されたのか。台湾民俗学者池田敏雄によれば、下村の任命は当時貴族院書記官長であった柳田国男が安東総督に推薦したからだという。柳田は民俗学者であるとともに、永らく内閣法制局参事官の職にあって、植民地法制面での経験を積んでいる。安東総督は柳田の叔父にあたり、柳田の意見によく耳を傾けたとのことである（池田敏雄「柳田国男と台湾」、『国分直一博士古稀記念論集』新日本教育図書所収）。

ともあれ、下村は安東総督を皮切りに、明石、田三代にわたる総督の民政長官（任期中に総務長官に改称）をつとめた。かれは比較的にリベラルであり、文官総督の実現と田健治郎の総督就任とも関係してくるので、かれの業績については後で述べよう。

建設と収奪

佐久間以降の武官総督時代後半期における台湾経済も進歩をつづけた。交通網・運輸機関の整備、機械導入による生産、衛生状態の改善、水道・電話の敷設にともなう生活環境の向上、学校の拡充と教育機会の拡大は、それなりに生活水準の向上に貢献した。領台初期に多かった「一旗組《ひとはた》」とはちがうタイプの官僚が児玉・後藤時代に台湾入りし、比較的に中央の拘束をうけないですむ植民地で、それぞれの機能を展開することができ、ある意味では「独裁制の効率」を生むことができたのである。

台湾へ赴任した官吏は「湾吏《わんり》」とも称され、本国勤務の官吏にくらべて社会的評価は低い。しかし本国に居るばあいにくらべて高い地位につくことができ、しかも外地手当と称して、給与に五割ないし八割の加俸があり、そのうえ、植民地人に君臨する快感も味わえた。

児玉・後藤時代に、とくに後藤が招聘《しょうへい》した官吏は多士せいせいで、他所にも通用する人が多かった。土木技師長尾半平、主計課長祝辰巳、税務課長中村是公、税関長中村純九郎、宮尾舜治、殖産課技師新渡戸稲造、鉄道部技師長長谷川謹介、台北医院長高木友枝、臨時旧慣調査会岡松参太郎などがいる。かれらは後藤の離台後も、あるいは残留して植民地経営にあたり、あるいは台湾を去ってもそれぞれの働きをしている。台湾総督府の官吏は、玉石混淆ながらも優秀な人材は少なからずいたのである。そして、この人たちが総督・民政（総務）長官に名を成らしめた、縁の下の力持ちになったといっても過言ではない。

ところで、台湾経済の進展にともない、次つぎに収奪策が考案されていく。

明治三十年になされた台湾総督府特別会計制度は、中央政府の一般会計からの台湾財政の分離独立をはかるものであったが、三十八年に財政が独立できるや、四十年から台湾の財政でもって内地を養うべく方向転換された。それを関税と砂糖消費税の面からみよう。

明治四十年(一九〇七)に関税統一の名の下に、台湾の関税収入は、台湾特別会計から切り離されて、中央の一般会計に繰りこまれた。その結果、台湾はすべての関税収入を失い、しかも、かえって税関のすべての費用を負担しなければならなかった。さすがにこれは四十二年に改訂されたが、それでも関税収入は内台折半で、台湾側は事務負担分として関税収入の半分しか受けられなかった。

内地で生産された商品はいったん消費税を付加してから台湾に移出される。台湾の製品も、同様に台湾で消費税を付加してから内地に移出し、この部分の消費税は台湾総督府特別会計に帰する。ところが、明治四十三年に、蔵相と台湾総督との間で砂糖消費税分配協定がつくられ、同税の一部分を中央政府の一般会計に繰りこむことになった。台湾にとっては、これまた大きな減収になる。しかるに大正二年にいたり、これではあきたらずに、本国に移出する砂糖の消費税は、台湾特別会計から一般会計の収入にすべく変えられた。台湾からみれば、その分だけ消費税の減収になる。さすがにこれは台湾総督府側の抵抗に会い、その結果、大正二年から、関税だけは総督府特別会計の収入になった(『佐久間左馬太』474頁)。

このように植民地収奪ははやくも明治四十年から始まったのである。

3 文官総督時代

台湾文化協会理事会（『林献堂先生記念集』より）

大正デモクラシー期の総督群像

文官総督への移行

初期武官総督時代は明石で終わり、かれの任期なかばで文官総督の任用が可能な時代へと移行していった。それはつぎの事情による。大正七年（一九一八）九月に政党内閣のはしりである原内閣が誕生した。これは従来からの藩閥・官僚内閣の態様を一新するものであり、日本帝国の憲政史に一時代を画するものであった。

おりしも、ロシアでは三世紀におよぶロマノフ王朝が打倒されて、ソビエト政権が出現し、世界の無産階級に一縷《いちる》の光明をあたえた。差別、圧迫、搾取にあえぐ植民地人にとっても、それは独立革命成功への期待を高めるものであった。また大戦中の一九一八年（大正七）一月に、ウィルソン米大統領が大戦講和の諸原則、戦後国際政治の原則として「一四カ条宣言」を発表しており、その一項目でうたわれている「民族自決」は世界の植民地人に大きな激励をあたえた。朝鮮、台湾においても例外ではなく、ことに朝鮮では、大正八年三月一日に、独立をめざす「万歳事件」がおこり、三、四月にかけて全朝鮮の六一八か所で暴動三三二回、示威運動七五七回が展開されている。

台湾ではさしもの熾烈《しれつ》な武力抗日運動も、日本帝国の軍警によってすでに壊滅に追いこまれており、「万歳事件」型のエネルギーはなかった。だが、台湾人の抵抗は形をかえて、大正二年ごろから差別撤廃運動としておこりつつあり、後述するようにそれは「台湾人の独自性」を求める運動へと、昇華しつつあった。

こうした情勢にてらして、すでに寺内内閣の末期には、植民地政策面での対応が迫られており、かねてより植民地文官総督制の持論をもつ原敬内閣が誕生したことによって、制度面の改革がおこなわれたのである。

原は陸奥外相の下で外務次官に任じ、日本が台湾を領有した直後に設立された、台湾支配の中央主務官庁である台湾事務局の委員のひとりとして、植民地統治策の参画にあたったことがある。当時、かれは総督には文官をもってすべきだと主張したが、入れられず、自ら政権を握るにおよんで、所信を実現できたのである。

こうして大正八年以降、法制上、植民地総督は文官による就任が可能になったが、結果的には、朝鮮では純然たる文官総督をみていない。台湾のばあい、文官総督の任命が可能になった大正八年当時の明石総督は直ちに更迭されることなく武官のまま留任し、新設された台湾軍の初代司令官を兼任した。初代の文官総督になったのは、明石を継いだ田健治郎である。

文官の台湾総督は、中川健蔵まで九代、計一七年間つづいた。

歴代文官総督とその補佐役としての総務長官、中央統帥権と直結する軍司令官の氏名は表4のとおりである。

台湾軍司令官制度

台湾軍司令官制度の設置に伴い、台湾軍の指揮権は総督から台湾軍司令官にうつされ、総督はこれを指揮することができなくなり、「安寧秩序ノ保持ノ為必要ト認ムルトキハ其ノ管轄区域内ニ於ケル陸軍ノ司令官ニ兵力ノ使用ヲ請求スルコトヲ得」るだけとなった（大正八年勅令第三九三号「台湾総督府官制改正」第三条）。

台湾軍司令官制度は大正八年の明石元二郎陸軍大将（現職総督）をかわきりに、太平洋戦争勃発後に任命された安藤利吉陸軍中将まで二〇人をかぞえ、昭和十九年に台湾軍が第一〇方面軍に拡充されるまでつづいた。台湾に武官総督が復活したあとも、台湾軍司令官制度は持続されたのである。

陸軍大将として軍司令官に赴任したのは、明石とそれにつづく柴五郎だけであり、あとは全員中将として赴任している。もっとも任期中に大将に昇進したのは七人もいる。歴代軍司令官の中には、たとえば、皇道派の総帥にして、後に二・二六事件で調停者になった真崎甚三郎、のちに組閣した阿部信行、支那派遣軍総司令官になった畑俊六にみられるように、大物将官にこと欠かない。また親子二代にわたって台湾で要職をしめた者に、児玉

表4　文官総督表

代	総督	在職期間	齢	出身	党派	総務長官	在職期間	台湾軍司令	在職期間
								明石元二郎	大8.8.20
8	田　健治郎	大8.10.29	65	兵庫	政友会系	下村　宏	留任	柴　五郎	大8.11.1
						賀来佐賀太郎	大10.7.11	福田雅太郎	大10.5.3
								鈴木荘六	大12.8.7
9	内田嘉吉	大12.9.6	58	東京	政友会系	賀来佐賀太郎	留任		
10	伊沢多喜男	大13.9.1	56	長野	憲政会系	後藤文夫	大13.9.22	菅野尚一	大13.8.20
11	上山満之進	大15.7.16	58	山口	憲政会系	後藤文夫	留任	田中国重	大15.7.28
12	川村竹治	昭3.6.15	58	秋田	政友会系	河原田稼吉	昭3.6.26		
								菱刈　隆	昭3.8.10
13	石塚英蔵	昭4.7.30	64	福島	民政党系	人見次郎	昭4.8.3		
								渡辺錠太郎	昭5.6.2
14	太田政弘	昭6.1.16	61	山形	民政党系	高橋守雄	昭6.1.17		
						木下　信	昭6.4.15		
						平塚広義	昭7.1.13	阿部信行	昭7.1.9
15	南　弘	昭7.3.2	64	富山	政友会系	平塚広義	留任		
16	中川健蔵	昭7.5.27	58	新潟	民政党系	平塚広義	留任		
								松井石根	昭8.8.1
								寺内寿一	昭9.8.1
								柳川平助	昭10.12.2
								畑　俊六	昭11.8.1

友雄軍司令官がいる。かれは児玉総督の三男である。

ともあれ大正八年以降、台湾守備の任務を負う台湾軍司令官は、台湾総督を飛び越えて直接中央統帥権に隷属するようになった。この間、台湾総督府の中央主務大臣は、いくどか改変し、昭和四年からは拓務相が担当した。

ここで軍の配置にもふれておこう。台湾に常駐している軍隊は明治四十年に二個連隊に減少し、大正八年に台湾軍司令部が設置され、軍司令官がおかれたとはいっても、その指揮する軍隊は二個連隊と基隆《キールン》、澎湖《ほうこ》の要塞などである。しかし、兵員数こそ少ないが、日本本国とちがって、臨戦態勢の守備隊方式がとられた。

すなわち、台湾軍司令部の下に台湾守備隊をおき、さらにその隷下に台北第一連隊と台南第二連隊がある。台北第一連隊は一個大隊を台中に分駐させ、台南第二連隊は一部を高雄と花蓮港に駐屯させた。このほかに台湾憲兵隊があり、台中、台南、高雄、花蓮港に分隊がおかれ、屏東にはのちに飛行第八連隊が配備された。いずれも台湾守備隊から独立した存在であって、台湾軍司令部に直属する（森田俊介『台湾の霧社事件』83頁）。

台湾軍はのちに大編成の部隊になるが、それは第二次大戦になってからであり、第一〇方面軍に発展した。

政友会系の田・内田総督

「初期武官総督時代」の総督人事には藩閥的傾向がみられ、政党色はほとんどなかった。それは本国における政局と関連する。そもそも、明治三十三年に崩壊した第二次山県内閣までの歴代内閣は、たとえ政党色はあっても、本質的に藩閥内閣であった。また政友会の支持が明白な同年の第四次伊藤内閣以降、歴代内閣に政党色はみられても、大正七年の寺内内閣までは官僚内閣であった。いずれのばあいも政党的人事はめだつほどのものではなく、台湾総督や民政長官の任免はおおむね別の観点からなされたといってよい。

しかし、原内閣が成立した大正七年以降、状況は一変した。例外を除いて、台湾総督および総務長官の座は政治色が濃くなり、中央における政変に連動して、政党的人事がむしろふつうになった。その先鞭をつけたのが、原政友会内閣による田健治郎の任命である。

田　健治郎

第八代台湾総督にして、初代文官総督である田健治郎は、兵庫の農民の次男として生まれ、苦学して東京帝大を卒業、神奈川、埼玉県警部長をへて、後藤象二郎逓相の推薦により逓信書記官になった。明治二十八年に総理を総裁とする台湾事務局が創立されると、通信局長のかれは交通部委員として事務局に加わり、台湾と関係を持った。

その後、田は明治三十四年、星亨《ほしとおる》にすすめられて郷里から衆議員に立候補して当選、同年に大浦兼武《おおうらかねたけ》逓相の下で次官（第一次桂内閣）になり、鉄道国有化の功績で男爵をさずけられた。大正五年に逓相として寺内内閣に入るが、田とは姻戚関係の後藤新平もこのときに内相として入閣している。

寺内内閣は米騒動と首相の病弱とによって大正七年（一九一八）に崩壊し、そして政友会の原内閣が成立するや、既述のように原は文官に植民地総督就任の道をひらいた。そして明石総督の病没を機に、田健治郎を初代の文官総督に任命したのである。田は逓信次官に就任するさい、政友会から脱退しているが、政友会にちかく、原とは親交があった。任命にさきだち、田中義一陸相は元老山県有朋に田の説得を要請しているが、山県の説得を待つまでもなく、田は原からの打診の段階で受諾をきめていた。初代の文官総督に意欲を燃やしたからであろう（『田健治郎伝』375頁）。

大臣経験者が台湾総督になったのは、初代の樺山資紀と田の二人だけである。これに反して、歴代の朝鮮総督寺内正毅《まさたけ》、長谷川好道《よしみち》、斉藤実《まこと》、宇垣一成《かずしげ》（臨時代理）、山梨半造、斉藤実（二回目）、宇垣一成、南次郎、小磯国昭、阿部信行は、長谷川を除けばいずれも大臣を経験してから総督になっており、長谷川にしても参謀総長を辞任したあとに総督に就任している。なかでも、阿部は首相経験者である。朝鮮総督の格が台湾総督よりも高いからであるが、田健治郎は数少ない大臣経験者の台湾総督であったのである。

なお、総督辞任後首相になったのは、台湾総督では桂太郎のみであったが、朝鮮総督からは、寺内・斉藤・小磯の三人がでている。

田総督の在任中に、原敬首相が凶刃に倒れ、内閣は暗殺による政変を好まない元老たちの意向もあって、同じく政友会の高橋是清《これきよ》のそれにかわった。高橋につづく加藤友三郎《ともさぶろう》内閣は政党色のない、いわゆる「超然内閣」であるとはいっても、閣僚の半数近くは前内閣と同じであったことにみられるように、政友会的要素が強いこともあり、田の総督としての座はゆるがなかった。

大正十二年(一九二三)に、同じく超然内閣、もしくは「人材内閣」といわれる第二次山本権兵衛内閣が成立するにおよび、田は農商務大臣兼司法大臣に任ぜられたため、台湾総督を辞任した。

第九代総督として内田嘉吉が田を継いだ。

内田は八年前の大正四年に民政長官を辞任したあと、後藤新平が会長をつとめる都市研究会の副会長におさまって無聊をかこった。大正五年に田と後藤とが寺内内閣に入閣するや、内田は田逓相の下で逓信次官をつとめた。当時、事務次官制度はなく、次官の任免は同省の大臣の意向が大きく作用していたので、内田は田ともかなり近かったとみるべきであろう。その内田が田総督の後任にえらばれたのは、後藤のほかに、田の支持があったためである。時の山本首相は、田の後任総督として山梨半造陸相をあてる意向であったが、台湾の事情にくわしいという理由で田が内田嘉吉を推したので、山梨をあきらめた（『田健治郎伝』528頁）。

有能な長官と汚職長官

ここで両総督の総務長官をみよう。田総督は総務長官をかえずに、安東・明石総督時代からの下村宏をそのまま留用した。下村は有能な行政官で、評判はよかった。

まず、小学教員の帯剣廃止。当時、台湾では巡査はもちろんのこと。小学校教員までが短剣を腰につるしていた。制服好きの後藤新平が命じたものであるが、これを下村は廃止した。また明治三十七年に施行された「罰金及笞刑《ちけい》処分例」を、人格無視だとして廃止した。笞刑とは、主刑三か月以下の重禁錮《きんこ》もしくは罰金一〇〇円以下の犯罪は笞うちで代えることができるとするもので、大正十年までの一七年間に、総受刑者八万三四一四人の三分の一にあたる三万二一〇八人が笞うちの刑を受けている。その苦痛はたいへんなもので、笞七五をうけたある雑貨商は帰宅後半月間も歩行不能に陥り、むしろ六か月ぐらいの刑に服したほうがましだと訴えているほどである（『警察沿革史』第二篇下、932頁）。このほか、台湾人に高等教育は不要だとする後藤の施策に反して、台湾人むけの高等専門学校もこの時代につくられている。

しかし、笞刑廃止にみられるように、下村行政の成果というよりも、原首相を中心とする本国政府の植民地政策の変化に負う面も多い。ともあれ、下村はリベラルさがゆえに、総務長官として高い評価を得ている。なお、下村は総務長官在任中に法学博士になり、大正十年（一九二一）に退官したあと、朝日新聞に入社して翌年に専務取締役、昭和五年に副社長になった。下村と同時に総督府を辞して朝日新聞に入社した者に文書課長石井光次郎がいる。下村は東京郵便電信学校教授、日本放送協会会長にも任じ、政治家としては昭和十二年に貴族院議員、終戦直前には鈴木内閣の国務大臣兼情報局総裁をつとめ、軍部の妨害にもかかわらず「玉音放送」を皇居から無事に持ち出したことでも有名である。昭和三十二年没。

総務長官の後任者として田総督は、総督府に一八年も勤務した逓信畑の賀来佐賀太郎《かくさがたろう》を起用した。

賀来は大分県生まれ、明治三十二年に東京帝大英法科をでて、いったん農商務省入りしたが、三十七年に台湾総督府に入ってからは通信局の勤務が長かった。かれは課長を一一年もつづけたから、昇進はおそかったほうである。賀来が長い課長生活からぬけ出して専売局長になれたのは、内田民政長官の起用によるものであり、それを田総督が総務長官に抜擢したのである。このような経緯があるため、内田は総督になると、賀来総務長官を留任させた。

ところが、苦労人必ずしも清らかではなく、賀来は在任中、「予約開墾」の名目で三井関係の会社に国有地を払い下げ、そのあげく、辞任後に自分自身がその会社の社長に就任して、ひんしゅくを買った。

賀来は、憲政会系の総督が内田の後任に任命されると、自分のゆくすえを知ってか、その日のうちに上京し、そのまま台湾に戻らなかった。依願免職は、その一八日後のことである。

憲政会の伊沢総督

内田総督在任中に、中央政局は第二次山本権兵衛内閣から清浦奎吾《きようらけいご》内閣へと変わったが、これも超然内閣であったため、総督の座にゆるぎはなかった。

しかし、清浦内閣は五か月の短命に終わり、大正十三年（一九二四）六月に第一次加藤高明《たかあき》内閣になると、がぜん情勢が変わった。この内閣は護憲三派による内閣とはいっても、憲政会総裁加藤高明は「加藤内閣」であると自負し、閣僚人事を左右した。人事の改造は台湾総督府にも波及し、新総督として憲政会系の伊沢多喜男《いざわたきお》貴族院議員が任命された。

第一〇代総督に就任した伊沢は明治二年長野県生まれ。明治二十八年東京帝大法科政治学科卒、高文合格。県警部長、和歌山県、愛媛県、新潟県知事をへて大正三年に警視総監、大正五年に勅選貴族院議員になった。新潟県知事在任中に県の予算問題で政友会と対立し、原内閣によって罷免されたことなどが機縁で、貴族院においては原内閣に対立的態度をとり、憲政会と緊密になった。

伊沢は第一次加藤高明内閣の組閣にさいし、加藤から入閣を要請されたが、領台初期に兄・伊沢修二が総督府学務部長として赴任した台湾に思いをはせ、台湾総督就任をみずから要求して、それが入れられたという（同伝記編纂委員会編『伊沢多喜男』147頁）。

総督府人事の紛糾

大正十三年九月に、総督を拝命した伊沢は自前の総務長官を物色し、警保局長をやめて浪人中の後藤文夫《ふみお》をそれにあてた。これは当時朝鮮総督府警務局長であった丸山鶴吉の推薦によるものであり、それまで伊沢は後藤文夫とは深い接触がなかった。後藤文夫は明治十七年の大分県生まれ、明治四十一年東京帝大法科卒、内務省に入り、同年高文合格。東京府属を振り出しに神奈川県事務官、青森県警部長、内務省参事官、大臣官房文書課長をへて、大正十一年六月から翌年十月まで警保局長（高等官二等）をつとめた（警察庁人事課調べ）。

警保局は高等警察・治安関係事務を担当し、内務省のなかでも重要な部局であり、その局長の地位についた者は、貴族院の勅選議員に勅任されることが一種の慣例として多年おこなわれた（大霞会『内務省史』第一巻、429頁）。それにもかかわらず、後藤が台湾総督府の総務長官になるには官歴が不足だとして、台湾総督府の高官たちは反発した。

後藤の起用に固執した伊沢は異例な措置をとって、かれを総督府参事官兼総務長官心得に任命した。伊沢も相当に強引だったといわねばならない。

台湾総督府本府はもとよりのこと、州知事の中にも、四〇歳の後藤よりも先輩で、官階が高いとする者が大勢いてこれを不満とし、局長以下枢要の幹部はいっせいに辞表を提出した。伊沢は動じずに首のすげかえをおこない、総督府の陣容を一変させた。

ところで、中央では大正十四年（一九二五）に最初の本格的な政党内閣である憲政会の第二次加藤高明内閣が出現し、憲政会系である伊沢総督の地位はますます安泰であった。大正十五年一月には加藤首相の死で第一次若槻《わかつき》内閣が出現したが、これも憲政会内閣であるため、総督としての伊沢の地位は動かなかった。ところが伊沢は、上京して病気静養しているときに、東京市会詮衡《せんこう》委員会によって市長に推挙された。台湾へ帰任したばあいのかれの健康にあたえる影響を心配した若槻首相と、かれ自身の親友である浜口雄幸内相の肝入りであったという（前掲『伊沢多喜男』162頁）。

その後の伊沢はめだった役職につかず、昭和十五年に枢密顧問官になり、そして昭和二十二年にマッカーサー覚書該当者として追放され、二十四年に八一歳の高齢で没した。

上山総督

後任者の第一一代総督は上山満之進《かみやまみつのしん》であり、これは伊沢の同志で、その推薦によるものである。

上山総督は山口県生まれ、明治二十八年に伊沢前総督と同時に東京帝大法科を卒業した。そしてこの年に高文に合格して内務省入りし、青森県参事官として赴任、三十一年法制局参事官、四十一年農商務省山林局長、大正元年高等官一等、二年熊本県知事、三年農商務次官、七年に貴族院議員になった。かれは憲政会系で、加藤高明総裁とは関係が深く、第一次加藤内閣の組閣には、これに参画したほどである（上山君記念事業会編『上山満之進』下、1042頁）。

若槻首相によれば、上山の総督任命はかれの推薦によるものであり、上山自身もそういっている。総督は親任官で総理をへて奏薦するのが建前であるから、それは事実である。両人は第二次大隈内閣以来の付き合いがあり、しかも同じ党派であるので、伊沢前総督による上山推薦が簡単に採択されたのであろう。

上山総督は後藤文夫を総務長官に留用した。上山は台湾総督を大正十五年から昭和三年までつとめ、同年訪台中の久邇宮邦彦王を朝鮮青年趙明河（当時二四歳）が襲撃した事件で、後藤総務長官とともに依願免官になった。同事件については、鷲巣敦哉『台湾警察四十年史話』82頁にくわしい。上山は昭和四年に旭日大綬章を授与され、昭和十年に枢密顧問官、昭和十三年に没した。享年七〇。

後藤文夫はその後貴族院議員、農相、内相、それに東条内閣の国務大臣を歴任して、戦後は参議員としても活躍し、日本青年会会長を最後に、昭和五十五年に没した。

ところで上山の総督在任中に中央では政変があり、政友会の田中義一内閣が成立したにもかかわらず、憲政会系の上山が総督の座に残れたのはどうしてだろうか。

田中内閣が成立した四月から十月にかけて、政友会の立場から、憲政会系の上山・後藤の更迭を要求する声が高かったが、上山と田中はかたい長州人意識でむすばれており、親交もあった。六歳年下の上山は、田中を称して「同郷でもっとも昵懇《じっこん》の間柄」だと述懐している。こうした個人的なつながりに加えて、台湾銀行事件が上山の留任に大きく作用したであろうし、逆に、かような関係があったからこそ、予想外の方策で同事件がうまく解決されたともいえよう。

台湾銀行事件

昭和二年(一九二七)春、鈴木商店にたいする台湾銀行の多額の不良貸付が明るみに出た。後藤新平が民政長官時代に肩入れしたのにはじまり、台湾銀行がこの一私企業にあたえてきた融資残高は、昭和に入ったころには三億八〇〇〇万円にも達していた。厖大な赤字をかかえた鈴木商店にたいし、これ以上融資をつづけるわけにはいかないと判断した台湾銀行は新規貸出しを停止した。そのため四月五日、鈴木商店は破綻し、そのあおりをうけて台銀じたいも倒産の瀬戸際まで追いこまれた（名倉喜作編、刊『台湾銀行四十年史』310頁）。

台銀は日本銀行の援助をあおいだが、かんじんの日銀も折からの全国的経済危機で、台湾銀行への融資を打ちきった。若槻内閣は、日銀の対台銀融資によって生ずる損失を二億円を限って政府が補償するかわりに、日銀が台銀に特別融資をするという緊急勅令案をだした。しかし枢密院で否決され、四月十七日、若槻内閣は総辞職した。こうなれば台湾銀行は本店および各支店を閉店せざるをえない。しかし台湾の中央銀行たる台銀が閉店すれば、島内の他のいっさいの金融機関も閉店に追いこまれ、日本帝国の台湾支配が揺らぐ恐れがあった。そこで上山《かみやま》総督は、内地支店は閉店（四月十八日実施）、島内本支店営業という方策をとり、その一方で、四月二十日に成立したばかりの田中内閣に台銀紙幣の限外発行許可を要請した。このとき日本本国では、台湾をのぞく全国の銀行に二一日間のモラトリアム（支払い延期）を発布するほどの経済危機に立っていた。田中内閣成立三日めのことである。田中内閣は五月初旬、臨時議会を召集し、台銀紙幣限外発行のほかに、日銀による対台銀融資案を骨子とする救済案を承認させ、ともかくも台湾銀行は存続することとなった。

内閣が成立したその日から、この難問に取り組まざるをえなかった田中首相は上山総督・後藤文夫総務長官との連携プレイで台湾銀行事件を解決しえたので、満足感にひたったようである。上山・後藤がいずれも安泰でいられたのは、田中首相の意向が大きく作用したからに相違ない。じじつ、台湾総督を辞した上山を田中首相はその自宅に訪問して労をねぎらっている（『上山満之進』下、377頁）。

川村総督と河原田長官

上山の後をうけて第一二代総督に任命されたのが川村竹治であり、これは政友会内閣の党派的人事を反映するものであり、川村自身、まえに台湾でにがい経験をしている。川村は秋田県出身、明治三十年に東京帝大英法科を卒業し、内務参事官をへて、明治四十二年、大島久満次総務長官に招かれて、総督府内務局長に就任した。これは相当な抜擢であるというか、派閥人事であった。ところが、四十三年に既述の阿里山官営林払い下げにともなう汚職事件の責任を問われ、大島につづいて総督府を辞した。

政友会系である川村は、翌四十四年、同じく政友会の原内相によって和歌山県知事に任命され、香川・青森県知事を歴任し、大正七年には原内閣によって内務省警保局長に任命された。もっとも、大正時代から警保局長は自由任用と資格任用とを幾変転したが、この頃には帝大出身の資格者ばかりが任用されており、川村自身も資格者かつ経験も十分であるので、その局長任命はいちがいに政友会人事とはいえない。

その後、川村は大正十一年に水野錬太郎内相（加藤友三郎内閣）の下で次官をつとめ、満鉄社長をへて、昭和三年に台湾総督として古巣にもどった。不祥事件で台湾総督府を離れた人物が、その主として舞いもどったわけである。

総督に就任した川村は、さっそく自分と同じ政友会系の人物を総務長官に任用した。河原田稼吉《かきち》である。

河原田は福島の産、明治四十二年東京帝大政治科卒業後、当時台湾総督府の主務官庁であった内務省に入り、大臣官房に設けられている台湾課に勤務した。官吏としてのスタートを台湾関係官庁ですごしたわけである。

川村竹治

その後、福島県事務官をへて、大正四年に熊本、それから長崎の県警部長をつとめ、大正六年、警保局保安課長になった。翌七年に川村竹治が警保局長に赴任し、かれの上司になる。

この時代、河原田は「川村の三羽烏」といわれるほど、川村の腹心になった。大正十一年に川村が内務次官になると、かれも同年に社会局第一部長になった。昭和三年に河原田が川村総督によって総務長官に抜擢されたのは、同局労働部長のときである。

警保局長をつとめた前任者である後藤文夫でさえ、総務長官になるのに経歴不足といわれた。河原田はそれに輪をかけて経歴不足であった。当時、総務長官として静岡県知事長谷川久一の名があがっていたが、河原田に落ち着いたのは、河原田の親友であり、「川村三羽烏」のひとりである警保局長横山助成が極力推薦したからであり、また基本的には河原田自身が川村の腹心であったこと、世間的にも政党内閣制下での党派的人事が容認されていたからである。

もっともその後、河原田は昭和十二年に内相、十三年に貴族院議員、十四年に文相、その後大阪府知事に、そして二十七年に衆議員に当選するなど、要職を歴任した。

なお、川村総督は昭和七年に犬養内閣で二か月ほど司法大臣を務め、政友会久原《くはら》派の巨頭として活躍した。

ともあれ、政友会内閣を反映する政友会系総督・総務長官体制も、一年と一か月で台湾総督府から姿を消した。

民政党の石塚―人見体制

中央では、政府与党の政友会が分裂して政友会と政友本党とにわかれ、昭和二年六月に政友本党と憲政会とが合同して、浜口雄幸《はまぐちおさち》を総裁とする「立憲民政党」、通称民政党が生まれていた。そして昭和四年七月に、この民政党の内閣である浜口雄幸内閣が誕生した。そして民政党は政友会とは対立関係にあったため、人事改造は台湾総督府にも及んだ。そして第一三代総督石塚英蔵、総務長官人見次郎が川村、河原田体制にとってかわった。

石塚は会津藩士の子で東京生まれ、東京帝大を卒業するとただちに法制局にはいった。明治三十一年に勅任の総督府参事官長として、児玉総督とともに台湾入りした。「参事官長」制度は児玉時代だけであり、児玉は奔放不羈な後藤新平民政局長を牽制するために、石塚を配したきらいがある。じじつ、赴任時に児玉総督は「後藤は民政、石塚が法制でワシが軍政」と公言しており、石塚もそれを三足鼎立と解して自負し、しばしばそれが態度にあらわれて後藤の機嫌を害している（鶴見祐輔『後藤新平伝』台湾統治篇上、60頁）。

石塚参事官長は明治三十五年に警務局長を兼任し、翌年から参事官長兼総務局長になり、一貫して台湾総督府でのナンバー3としての地位を保持した。かれは明治三十八年に、後藤新平に先んじて離台し、関東都督府の民政長官になったが、そのあとを追いかけるようにして後藤も満鉄総裁として関東州に赴任したのみか、自分の創意で、勅令によって関東都督府顧問制度をつくり、自分が顧問として、またもや石塚の上におおいかぶさったのである。

その後、石塚は朝鮮総督府農商工部長官、朝鮮における日本の国策会社である東洋拓殖株式会社の総裁を歴任し、昭和四年七月三十日に台湾総督に任命された。

総務長官の人見次郎は京都府下の出身、明治三十七年に京都帝大英法科を卒業し、大正五年に当時朝鮮総督府農商工部長官であった石塚の下で農務課長をつとめたのが機縁となって、石塚の配下になった。まもなく人見は石塚によって朝鮮総督府鉄道局長に抜擢され、石塚が東洋拓殖株式会社総裁に就任すると、大正八年に理事のひとりとして迎えられた。昭和四年に石塚が台湾総督に親任されるや、原脩次郎《しゅうじろう》民政党筆頭総務は、木下信を台湾総督府総務長官にと推薦したが、石塚はそれを断り、人見次郎に固執した。

霧社事件

ところで、石塚総督は昭和六年一月十六日、人見総務長官も翌日に免官になった。この両人を任命した民政党の浜口内閣が依然として健在なのに、どうしてであろうか。

それは台湾にとどまらず、日本国中を震撼《しんかん》させた霧社《むしゃ》事件の責任をとって辞職したからである。

「霧社事件」とは昭和五年十月に台中州霧社でおこった高砂族による反乱事件である。十月二十七日、霧社公学校において小公学校連合運動会が開かれるので、内台人生徒とその父兄が参集したところ、日章旗が掲揚されるのを合図にして、約二〇〇人の高砂族が会場になだれこみ、その場にいた内地人のほとんどを殺したあと、警察駐在所や郡役所の霧社分室、さらに職員宿舎などを襲撃した。この日の襲撃で殺された日本人は一三四人である。平地の漢族系台湾人二人も難に会っているが、これは日本の服装をしていたため、誤殺されたのである。

事件の原因は、長年にわたる総督府による討伐や処分にたいする怨恨、強制労役や高砂族婦女への無礼、地元官憲のごうまんな仕打ちなどにたいする不満が爆発したものである。総督府が事件から受けた衝撃は大きかった。高砂族の日本教育普及率は平地の漢族系人よりも高く、「教化の成績大いに上がる」と自讃しているところへ、この事件である。しかも模範青年として巡査に任命され、かつ名前を日本名に変えたダッキス・ノービン（花岡一郎）、ダッキス・ナウイ（花岡二郎）までが反乱に加わっていた。また蜂起のさいの殺害は日本人にマトをしぼり、在場の漢族系台湾人を峻別《しゅんべつ》してこれに危害を加えなかったことは象徴的である。高砂族系人は、長期間にわたって漢族系住民と抗争してきたが、この時期になると、漢族系人とのあいだに、台湾を範疇とする共同意識がめばえてきたのではなかろうか。

台湾総督府は台湾軍司令官に軍隊の出動を要請するいっぽう、警察部隊をくりだした。動員された軍隊は、台中支隊長鎌田彌彦少将を司令官として、各地の部隊八〇〇余人によって構成され、山砲隊から飛行機まで出動して砲弾やガス弾をあびせた。飛行機からは機銃掃射のほかに、爆弾が約八〇〇個投下された（大竹文輔著、刊『台湾航空発達史』233頁）。

ガス弾については、当局は催涙ガスだと釈明しているが、実際には国際的に禁止されていた毒ガス弾であった（山辺健太郎『台湾』第二巻、xxxiii頁）との説もある。警察の出動人数は一一六三人で、そのほかに人夫など一五六三人、総計三五〇〇余人に達する。

霧社事件は付近の山地に伝播したので、これを鎮圧するのに十一月二十日まで五〇数日を要した。最初に蜂起した六部落は総人口一三九九人、そのうちの二七六人が鎮圧の過程で死んだ。生き残った者は強制的に移住させられ、総督府がわに立つ別の部落にあずけられたが、翌六年に、俗にいう「第二霧社事件」で二一〇人が殺された。

なお、鎮圧部隊の死者は軍人二二人と、警察二八人、人夫など二一人、計四九人である。この事件の落着、それに翌六年一月六日に事件顛末《てんまつ》書が公表されるのを待って、石塚総督らは辞職した（同事件については戴国煇編著『台湾霧社蜂起事件』を参照されたい）。

指導者であるモーナ・ルダオはマヘボ社の首長であり、敗北を認めて自殺した。台湾総督府はそのかれに「武士の情」をかけずに、遺体を骸骨標本にして、好奇の目にさらした。なお、当時台湾総督府警務局理蕃課長として、霧社事件の処理にあたった森田俊介は昭和五十一年に『台湾の霧社事件——真相と背景』を公刊し、同書には「後日譚」の頃までありながら、遺体を骸骨標本にした経緯を明らかにしていない。

台湾人の政治運動

林献堂と台湾同化会

初期武官総督時代において日本帝国は、台湾人が異民族である事実を基礎にして、植民地政策を立てた。台湾人の旧来からの慣習や文化を尊重するいっぽう、台湾を異法域におき、本国法令は選択的適用をするにとどめた。政治面では台湾人に参政権はなく、官吏登用の道はほとんど閉ざされ、社会面での差別も歴然として存在していた。台湾人と日本本国人との結婚に法的効力はなく、心理面、精神面においても台湾人は屈辱に耐えることを強いられた。こうした異民族による差別支配は、台湾人意識を刺激するのに役立ち、その成長を助けた。

武力抗日運動が総督府によって制圧され、台湾人の、武力によっての外来支配者追い出しがきわめて困難であることが明らかになった以上、方法を講じて台湾人への圧迫をやわらげるほうが賢明であるとする考え方が生まれた。ここに林献堂《りんけんどう》が登場する。

林献堂は光緒七年(一八八一)生まれで、台北近郊板橋《いたばし》の林本源《りんほんげん》家とならぶ、台中近郊霧《む》峰《ほう》の林家の中心人物であり、一族あわせて一二万石の収入を擁する大地主である。ちな

林献堂（『林献堂先生記念集』より）

みに板橋の林本源家は総督府寄りで、その収入は一八万石、資産は最盛時、三〇〇〇万円に達したといわれる（田川大吉郎『台湾訪問の記』白揚社、24頁）。霧峰林家一族のなかには、林朝棟《りんちょうとう》のように抗日を志しながらも早々に大陸へ亡命した者もいたが、多くは郷土への愛着から霧峰に残留した。

台湾総督府は明治三十五年（一九〇二）、二二歳の林献堂を霧峰区長に任命した。総督府が土着意識の強い林献堂らの動向に意を用いたことは事実である。『台湾総督府警察沿革誌』にいう。

「中部本島人の上流社会は、伝統的に其の思想の進歩南北両地に比し遥に優れたるものあるは既に一般の是認する所なりき。而して彼等の中には其の識見抱負侮るべからざる者も尠からず。其の思想は一般本島人知識階級を代表するものとも見るを得べし。従って其の一言一句も亦本島三百万の民心に多大の暗示と共鳴とを与ふるものあること蓋し疑なき所なりき」（第二篇中、12頁）。

大正二年（一九一三）、北京に袁世凱政府の司法総長梁啓超を訪問の帰途、東京に立ちよった林献堂は板垣退助と会談した。総督府の圧政を訴える林献堂にたいして、「台湾人は日支親善のかけ橋たるべき」との信念をもつ板垣は林の訴えに同情をしめした。そして林の招請をうけて、翌三年に台湾を視察し、政治・経済・社会面に関する台湾人の要求を当然だとした。板垣は明治の元勲で自由民権運動の指導者であったが、明治三十三年にかれの所属する憲政党が解党して、伊藤博文の政友会に合同したのを機に政界から引退しており、渡台したときはすでに七八歳の高齢であった。しかし、ときの内閣は第二次大隈内閣であり、首相とは一六年前に、「隈板《わいはん》内閣」(第一次大隈内閣)をつくった間柄である。台湾人を日本人に同化してしまう、いわば同化主義にもとづく「台湾同化会」の設立を説く板垣に大隈首相は賛意を表し、しぶる総督府側もやむなくこれを許可した。

かくて大正三年十二月、内台人を集めて「台湾同化会」が台北において結成された。もっとも、「台湾同化会」に参集した内台人には同床異夢の面もある。板垣らのねらいは台湾人を日本人に同化することをつうじて、台湾人の地位を向上せしむることにあるのにたいし、林献堂らにとっては、地位向上が究極的目的であり、「同化」うんぬんは台湾総督府側の弾圧を避けるベールにしかすぎない。

台湾同化会は、差別待遇を当然だとする在台日本官民の妨害や板垣のとりまきの乱脈で、二か月を経ずして総督府によって解散されたが、これは台湾人の「合法運動」の幕開けを告げるものであった。

啓発会から新民会へ

同化会の目標のひとつに、総督に立法権を付与した六三法の撤廃があった。六三法はすでに明治四十年に三一法、そしてのちに大正十年に法三号と変わっていくが、本質的に差異はなく、台湾人政治運動者は、これらを一括して「六三法《ろくさんぽう》」と呼んだ。六三法は、台湾を日本本国と異なる法制の下におき、差別支配をする目的で、台湾総督に法律の効力を有する律令の制定権を付与したものである（第五章立法権の項を参照）。つまり、行政権力を持つ台湾総督に、さらに立法権力を与えるものである。

これにたいして大正七年、上京した林献堂は在京台湾人留学生らを結集して、六三法撤廃を目的のひとつとする「啓発会」を結成し、みずから会長に就任した。時あたかもナショナリズムの高揚期であり、武官総督明石元二郎ですら、赴任そうそう、同化主義を施政方針にかかげるほど情勢は変わっていた。

啓発会は台湾人留学生の増加とともに拡大し、資金上の問題でつまずきながらも、大正九年には「新民会」として再発足し、林献堂がその会長になった。新民会は学生部として「台湾青年会」を設立し、かつ活動の一端として、九月に両会の共同機関誌『台湾青年』

（月刊）を創刊した。これは台湾人の政治目的のための最初の定期刊行物である。同誌は内容的に当局から忌諱《きい》され、内務省からしばしば発禁処分を受けながらも、大正十一年四月に月刊『台湾』、さらに翌十二年四月には漢文半月刊新聞『台湾民報』に模様がえ、十月に旬刊、十四年七月十二日から週刊へと発展して、昭和二年八月から発行所は台湾に移された。これが昭和五年三月に週刊『台湾新民報』と改称、昭和七年四月十五日には日刊新聞へと躍進する。これは日本時代における唯一の台湾人の新聞であり、もっとも長く続いた機関紙でもあった。

新民会の幹部は日本の識者との接触を保ついっぽう、中華民国や朝鮮の民族主義者との連携につとめ、中国大陸においては北京、上海、広東で当地の台湾青年会など、台湾人社団結成の素地をつくった。新民会発足時の会員には、林献堂のほかに、蔡恵如《さいけいじょ》、黄呈聡《こうていそう》、蔡式穀《さいしきこく》、連雅堂《れんがどう》、林呈禄《りんていろく》、羅万俥《らまんしゃ》、郭国基《かくこくき》、王敏川《おうびんせん》、呉三連《ごさんれん》、劉明朝《りゅうめいちょう》、陳炘《ちんきん》、蔡培火《さいばいか》、謝《しゃ》春木《しゅんぼく》など、その後政治運動や各界で重きをなした人たちの名前がみられる。

台湾議会設置運動

ところで、日本本国で原内閣が誕生し、総督が武官から文官に移行、植民地統治策も「内地延長主義」（同化主義）へと移行された段階で、新民会および台湾青年会が結成されたのはなんとも皮肉な話である。

かれらは日本本国との相違を前提として、台湾の独自性に則した台湾議会の設置を要求した。法律は帝国議会が立法するが、台湾特殊の民情風俗に鑑む地方的立法は台湾議会がおこなうことを主張したのである。もちろん、かれらの主張する地方的立法とは、台湾総督が律令制定権にもとづいてこれを制定するのではなくて、「台湾住民ヨリ公選セラレタル議員ヲ以テ組織スル台湾議会」(「第一回台湾議会設置請願書」)が制定することにある。

これは少なくとも表面上からみて、運動の質的転換であった。同化会および六三法撤廃運動は、台湾を日本本国と同じ法制下におき、台湾人の日本人化を促進するとともに権利義務を同一化しようとするものである。同化の当然の帰結として、台湾人としての集団的独自性は除去され、最終的には完全に大和民族化する。ところが台湾議会設置運動は、台湾人を日本帝国臣民であると規定しつつも、台湾および台湾人の独自性を保存していこうとするものである。

だが、こういう表面上の変化はともかくとして、実際はどうだったろうか。台湾同化会に加わった台湾人のなかには本当に同化を念願する者もいたが、のちに新民会に加わった人たちは、自分たちが大和民族化できるとは思わなかった。「同化」うんぬんは、植民地支配当局による圧制を軽減し、台湾人の地位向上をはかるための枕言葉でしかなかった(『林献堂先生記念集』巻三、追思録、48頁)。いまや、新民会は日本帝国臣民としての枠をみずからはめながらも、ナショナリズムの波にのって白話漢文を提唱し、台湾文化を構築していこうとしたのである。爾後大正十年から昭和九年までのあいだに有志が毎年、台湾議会設置請願書を帝国議会に提出し、それは大正十三年に二回提出されているので、計一五回になる。これに署名したのは延べ一万八五二八人で、実質的には一万二八一八人である(『警察沿革誌』第二篇中、335頁)。

この運動を目的とする「台湾議会期成同盟会」が大正十二年に台湾でつくられたが治安警察法によって検挙されたので、活動できる東京にそれを移し、昭和二年ごろまで、同盟会の名において声明を発表した。請願に署名した人はそれぞれの組織名によらずして個人として参加したのであるが、それはかずかずの圧迫を覚悟の上のことであった。「茲ニ二、三ノ例ヲ挙グレバ、即チ官公職ヲ奉ズル者ニ対シテハ直チニ、銀行、会社ニ勤ムル者ニ対シテハ当該銀行、会社ヲ通シテ、孰レモ免職セシメ、専売事業ニ関係スル者ハ其ノ特権ヲ剝奪シ、銀行貸借関係アル者ハ金銭ノ融通ヲ拒絶セラレ」たのである(第五回請願理由書)。

請願書は、趣旨に賛同する貴族院議員渡辺暢、山脇玄、衆議院議員清瀬一郎、神田正雄らを介してなされたが、台湾議会の設置をみるにいたらなかった。立法権と予算審議権とを持つ台湾議会の設置を許せば、台湾が、独立ともいうべき自治体になってしまうことを植民地統治当局はもとよりのこと、本国政府も恐れたのである。

総督府による評議会と協議会の設置

本国政府は不満をかわす方策として、大正十年、総督府に官選の「評議会」を、また各州・市・街・庄の官庁単位に官選の「協議会」を設置した。同年の「台湾総督府評議会官制」によれば、総督府評議会は総督が会長、総務長官が副会長をつとめ、「会員ハ台湾総督府部内高等官及台湾ニ居住スル学識経験アル者ノ中ヨリ台湾総督之ヲ命ス」とあり、「総督必要ト認ムル場合ニ於テハ任期中ト雖解任スルコトヲ得」るとなっている。こうして組織された評議会の会員は官吏七人、在台日本人九人、台湾人九人であり、その後昭和五年に会員は四〇に増員された。

だが、当初から評議会は、「台湾総督ノ監督ニ属シ其ノ諮詢《しじゅん》ニ応シ意見ヲ開申ス」るだけであり、評議会は総督を監督しえずに、逆に監督される奇妙な存在であった。「建議権」ですら、ようやく昭和五年になってから付与されたのである。最初の評議会員に任命された台湾人は、林熊徴《りんゆうちょう》（台北市）、顔雲年《がんうんねん》（基隆街）、李延禧《りえんき》（台北市）、簡阿牛《かんあぎゅう》（新竹州）、辜《こ》顕栄《けんえい》（台中市）、林献堂（台中州）、許廷光《きょていこう》（台南市）、黄欣《こうきん》（台南市）、藍高川《らんこうせん》（高雄州）の九名である。

ちなみに、第二次大戦後、蔣政権支配下の台湾において民選の台湾省議会がつくられたが、その権限は建議権にとどまり、台湾総督府評議会の域を脱していないまま、今日にいたっている。また、現在台湾の地で「省議会」のほかに、屋上屋のかたちで一九四八年以降改選されないままに設けられている「国会」の全面改選を主張する台湾人の運動が展開されているが、これは台湾総督府時代の議会設置運動の戦略をほうふつさせている。

台湾文化協会の結成

台湾人の政治運動は、台湾島内で台湾文化協会が結成されるにおよんで活発な様相をていするにいたる。宜蘭《ぎらん》出身にして台北で開業医をしていた蔣渭水《しょういすい》は、かねてから文化活動をおこなってきたが、第一回台湾議会設置請願運動をみて、島内における台湾民族運動の指導団体として、また台湾人の啓蒙団体としての組織の必要性を痛感し、林献堂らと協議の結果、大正十年に台湾文化協会を設立した。

創立総会までに、会員は一〇三二人に達し、総会で総理に林献堂が、そして専務理事に蔣渭水があげられた。四一名の理事はいずれも中産以上の人たちもしくは知識人であり、蔡培火、王敏川、陳逢源《ちんほうげん》、蔡式穀、楊肇嘉《ようちょうか》の名がみられる。

文化協会は、「台湾文化ノ発達ヲ助長スルヲ目的」（会則第二条）とするたてまえであったが、各地で講演会を開催し、大きな反響を呼んだ。大正十二年から昭和元年までの四年間になされた回数は七九八、聴衆は延べ二九万五九八一人に達する。大正十二年から集会・結社および大衆運動の取締りを目的とする治安警察法（明治三十三年公布）が台湾で一部施行されたので、講演会はしばしば干渉され、「弁士中止」処分を八七回、集会解散処分を五七回も受けた。

文化協会は議会設置運動を積極的に支持し、また蔣渭水など幹部の一部は、共産主義者山川均の薫陶をうけた連温卿《れんおんけい》と共同して、政治運動研究団体たる新台湾連盟を結成した。同連盟は治安警察法の施行にともない、届けでて許可をうけ、昭和五年に台湾総督府の強制によるとはいえ、いちおう「自発的」に解散するまで「天寿」をまっとうできた稀有の存在である。同連盟がその名を使って政治運動をしなかったのが原因であろう。

台湾人政治運動の草創期ともいえる大正年代後期は、イデオロギーをとわず、運動に従事するすべての人たちが相互に協力しあえた時期であり、統一戦線の時代であったといえよう。当時は社会主義への関心が高く、ことに大正十年（一九二一）に中国共産党、そして翌十一年に日本共産党が結成され、台湾人政治運動者もその影響をうけた。これにアナーキズムが加わり、イデオロギー論争は花盛りの感があった。しかし、やがてそれは論争には終わらず、路線闘争へと発展していく。

文化協会内では共産主義の連温卿派、辛亥《しんがい》革命の影響をうけた蔣渭水派、それに合法的台湾民族運動の蔡培火派にいつしか分かれ、昭和に入ると闘争が表面化し、文化協会は昭和二年に分裂した。勝利した連派が文化協会の主導権をにぎり、蔣、蔡両派は「台政革新会」の過渡期をへて昭和二年に「台湾民党」を結成した。だが「本島島民とか、本島人とか、言葉は幾らでもあるのに殊更台湾人全体と記」すなど、日本の「台湾統治に対して反抗的気勢を示した」(「本山警務局長声明」『警察沿革誌』第二篇中、425頁)との理由で禁止処分に付された。

そこでかれらは名称を「台湾民衆党」に変え、綱領も変えて同年七月に結社許可を得ることができた。こうして台湾民衆党は昭和六年に禁止されるまで、わずか四年の短命ながら、台湾史上「空前」の合法「政党」となったが、爾後、第二次大戦後、蔣政権支配下の台湾においてすら「絶後」の存在でもあった。

台湾共産党

ところで、植民地解放、世界革命をめざすコミンテルンの指令により、昭和三年(一九二八)、上海において台湾共産党が結成された。組織系統上、それはコミンテルンの一支部たる日本共産党の「台湾民族支部」であり、日共党執行委員会の指令を遵守《じゆんしゆ》すべき義務を有する。四月十五日の結党にさいしては、林木順《りんもくじゆん》、翁沢生《おうたくせい》、林日高《りんにちこう》、潘金信《はんきんしん》、陳来旺《ちんらいおう》、張茂良《ちようもりよう》、謝雪紅《しやせつこう》の七人が参加し、ほかに中国共産党代表として彭栄《ほうえい》、朝鮮人共産主義者代表として呂運亨《ろうんきよう》の二人が列席している。

台湾共産党はプロレタリア革命のほかに「台湾民族の独立」「台湾共和国の建設」をテーゼにしているが、これは、日本にたいする武力抵抗、さらに、新民会にはじまって台湾文化協会にいたる一連の民族運動をコミンテルンが評価したからであろう。

台湾共産党は本部を台湾におき、東京には特別支部を、上海には駐在幹部をおいて、現地の台湾人団体との緊密化をはかり、やがて中国共産党の指令をもうけるようになった。台湾共産党はいわば日中両党の指令をうける存在だったわけである。だが後に謝雪紅が供述したところによると、連絡の不足から、両党との関係は密接ではなかったようである(『警察沿革誌』第二篇中、682頁)。日本共産党は大正十四年に公布された左翼運動取締りのための治安維持法(同年台湾にも施行)により、そして中国共産党は民国一七年(一九二八、昭和三)の上海クーデターにより、いずれも苦難の中にあったことがその一因をなしたかもしれない。

台湾においては台湾文化協会の影響によって、すでに大正十四年ごろから各地で農民組合が結成され、農民争議が頻発していた。昭和二年に入って左翼転換した台湾文化協会が労働運動にも力を入れた結果、労働争議も多発するようになった。こうした左翼台湾文化協会の存在は台湾共産党の温床ではあった。ところが、左翼の台湾文化協会とはいっても、蔡禎祥《さいていしょう》、謝有丁《しゃゆうてい》など黒色青年連盟(大正十五年)以来の無政府主義者《アナキスト》が陣どっており、ここに両者の闘争が展開される。

いっぽう東京台湾青年会においても、闘争の結果、台湾共産党寄りのグループが青年会から分裂して「台湾学術研究会」をつくる。そして昭和六年に入ると、台湾共産党は台湾文化協会を完全にその傘下に収めたのである。

政治運動の弾圧

ところで、左翼化した台湾文化協会と袂別した台湾民衆党ではあるが、その一部の幹部は農民・労働運動まで放棄したのではなかった。ことに中心幹部である蔣渭水は、全民運動を発展させるには労・農を結集し、階級闘争を並行せねばならないとの信念からそれにむけて努力し、昭和二年の段階で二一の労働組合、二つの農民組合の支持を受けた。そのため、民衆党と台湾文化協会や共産党とのあつれきは絶えなかった。

だが同時に、治安維持法のしめつけに、林献堂・蔡培火・楊肇嘉らは民衆党の将来に危惧を感じ、総督府が容認するだろうと思われる「穏健」な運動方針をとることにした。そして昭和五年に民衆党から分裂して、自治制度の改革をとおして台湾人の地位向上をはかる「台湾地方自治連盟」を結成した。

けっきょく、満州事変前後にふきまくった治安維持法の嵐のなかで、民衆党は昭和六年二月に禁止され、つづいて六月に台湾共産党員のいっせい検挙、さらに年末には台湾文化協会幹部も検挙されて、これらは台湾の地上から消えさった。台湾共産党の残部は大陸にのがれ、「上海台湾反帝同盟」「厦門《アモイ》反帝同盟台湾分盟」などをよりどころにして細々と活動することになる。

表5 台湾人政治運動の流れ

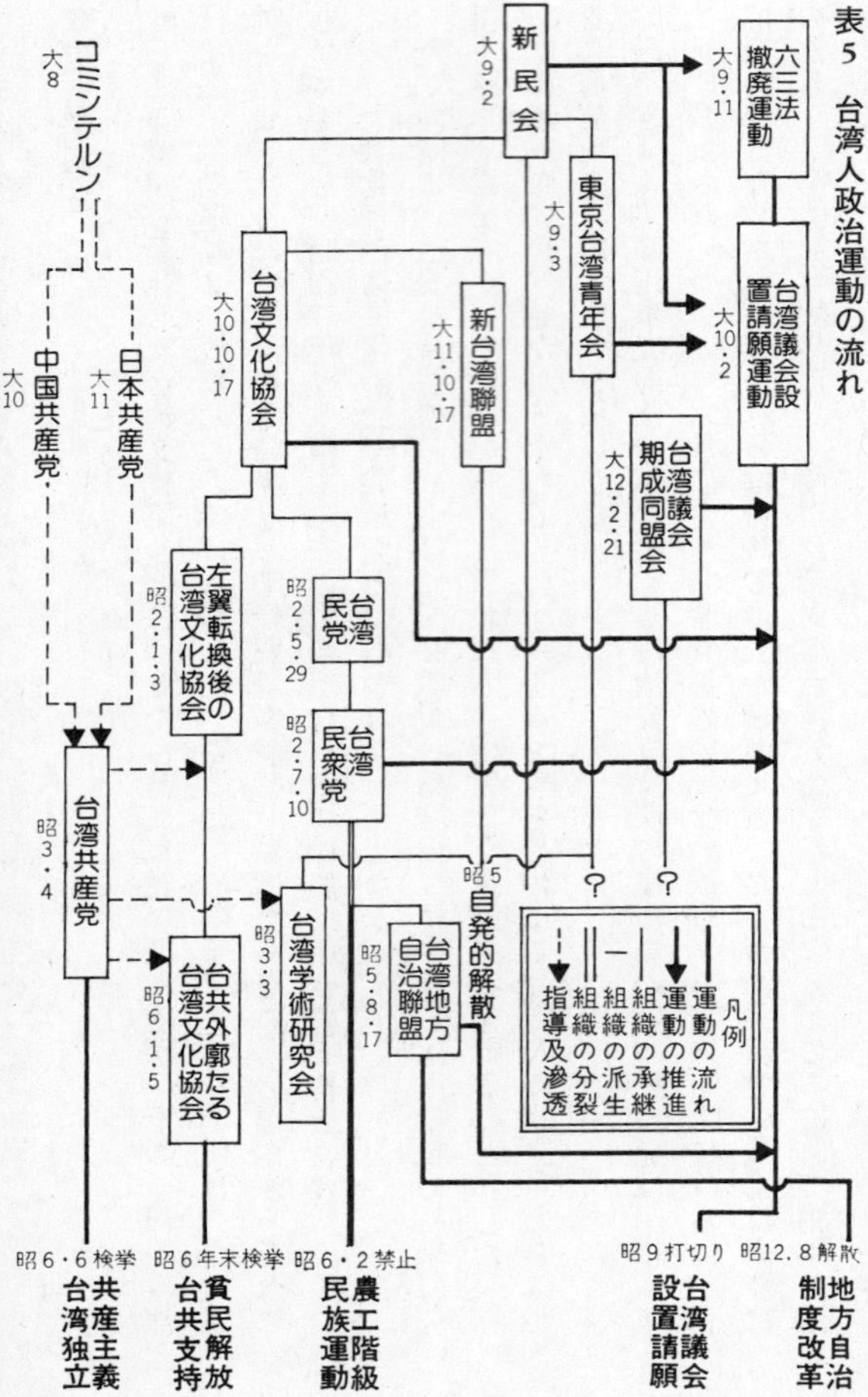

これら左翼団体との対比において、いまや穏健派とされる台湾議会設置運動も中川総督による圧力で昭和九年に中止し、これよりもさらに「穏健」な台湾地方自治連盟も、日華《シナ》事変の勃発をみて、幹部らは身の危険を感じ、昭和十二年八月に自主的に解散するにいたる。

台湾人政治運動の流れは表5のとおりである。

満州事変後の総督たち

太田・南総督

第一四代総督太田政弘は明治四年の山形生まれ、三十一年に東京帝大法科を卒業すると内務省に入り、大正元年に警保局長、二年以降福島、石川、熊本、新潟の県知事を歴任して大正十三年に警視総監、十五年に貴族院議員、昭和四年に関東長官（関東庁の主管）、そして六年一月に台湾総督になった。党派としては前任総督と同じで、浜口内閣の民政党人事である。

太田は総務長官にめぐまれなかった総督である。総務長官は勅任官ではあるが、任命には総督の意見が尊重される。だから、ある意味では太田に選択眼が欠けていたともいえる。

太田政弘

最初の総務長官は高橋守雄であったが、高橋は三か月だけ在任し、警視総監（当時は自由任用の政務官）にありついたため、辞職してしまった。

二番めは鳥取県知事から大正十三年に台湾総督府内務局長、昭和に入って長崎県知事をへた木下信である。しかし、木下総務長官は党派臭がつよく、殖田俊吉殖産局長や井上英警務局長などはこの総務長官につよく反発した。かくて政友会犬養内閣が出現するにおよび、木下は免職された。三番めの長官平塚広義《ひらつかひろよし》は太田総督とは党派のちがう人物を、犬養内閣から押しつけられたものである。

太田の在任期間はわずか一三か月あまりだが、この間に中央では政局が激動した。まず昭和五年（一九三〇）十一月に右翼に狙撃された浜口雄幸首相は病勢が悪化したため、六年四月に首相と民政党総裁とを辞し（同年八月没）、同党の第二次若槻内閣がこれを継承した。しかし、九月十八日に柳条湖事件が勃発し、それが満州事変となって拡大するにおよび、十二月に若槻内閣は総辞職に追い込まれた。代わって政権の座についたのが政友会の犬養毅《いぬかいつよし》内閣である。犬養内閣は、年が明けた昭和七年一月に、まず民政党臭が強い木下総務長官を免職し、平塚広義を任命した。民政党系の太田総督も厄連から逃がれられず、三月に南弘《みなみひろし》にとって代わられた。

第一五代総督の南弘は、明治二年富山県生まれ、旧姓は岩間である。明治二十九年に東京帝大政治学科を卒業し、内閣書記官、福岡県知事、第一、第二次西園寺内閣の書記官長になった。かれは政友会系であり、大正元年に貴族院議員、七年に原内閣で文部次官をつとめ、昭和七年三月に犬養内閣によって台湾総督に任命されたのである。南が総督に就任したとき、平塚総務長官は一か月半前に任命されたばかりであり、しかも同じく犬養内閣による任命であったため、平塚がそのまま総務長官をつとめた。

ところで中央では犬養首相が昭和七年の五・一五事件で青年将校に射殺され、内閣は即日総辞職した。これをもって、大正七年の原内閣以後、おおむね政党内閣の持続した「大正デモクラシーの時代」は終わりを告げる。

南総督は若くして出世がはやかったが、大正時代に入ってからはたいした顕職につけず、ようやく昭和七年に台湾総督になれた。しかし、三か月だけでみずから辞任し、斎藤実《まこと》内閣の逓相に就任した。大臣をどうしても一度は経験したかったのであろう。これはかれの唯一の閣僚経験となったが、短期間で総督を辞任したかれを、在台日本人は猟官主義者として軽べつした。

中川健蔵

異色コンビ——中川総督と平塚長官

犬養暗殺を機にして日本帝国は軍国主義の度合をいっそう深めていき、政党内閣の復活は第二次大戦の終結まで待たねばならなかった。斎藤内閣以降終戦までの一三の内閣のうち、文民宰相は広田、平沼と三次にわたる近衛内閣しかない。しかもすべての内閣は官僚内閣でなければ軍人内閣であり、従来の政党を基準とした高官の任用は姿を消した。

こういう情勢下で、第一六代台湾総督に任命されたのが中川健蔵である。中川はすでに総務長官として総督府に赴任している平塚と同じく東京府知事を経験しているが、府知事は平塚が先任者である。

平塚総務長官は明治八年山形生まれ、三五年東京帝大政治科卒、高文合格、内務省に入り福井県参事官、栃木、兵庫県知事をへて、大正十四年から昭和四年まで東京府知事になり、昭和七年台湾総督府総務長官になる（東京都庁都民資料室調べ）。

他方、中川は、明治八年新潟生まれ、明治三十五年東京帝大法科卒、高文合格、北海道

事務官、法制局参事官、植民地主務官庁である拓殖局書記官をへて、逓信省通信局長、熊本県知事、北海道長官をつとめたあと、昭和四年に平塚を継いで東京府知事になった（東京都庁調べ）。同年浜口内閣の文部次官になり、昭和七年に台湾総督に就任した。

同期生だが、中川が台湾にきて総督になり、そして平塚の上官になったのである。しかも、中川は民政党系であるのに平塚は政友会系であり、常識的にいえば、両者のコンビはギクシャクしたものになるはずであった。ところが案に相違して、中川・平塚コンビは円満に進み、昭和十一年まで、じつに四年あまりもつづき、そして同時に総督府を辞したのである。

これは両人の性格に由来するものでもあろうが、満州事変以降の政情は、すでに党派をうんぬんする雰囲気でもなかったからではあるまいか。なお、その後中川は貴族院議員に勅選され、昭和十五年に大日本航空会社の総裁に就任している。

文官総督支配の実際

同化政策

前期武官総督から文官総督への移行は、武将と文官との外観上の相違により、剛から柔への政策転換ととられがちである。時あたかも日本本国においては「大正デモクラシー期」に入ったところであり、藩閥・官僚内閣から政党内閣に移行したこと、台湾での武力抗日事件がほとんど陰をひそめたことなどとあいまって、そのような印象をつよめている。しかし、実際には、総督をとおしての植民地支配構造に、それほど変化はなかった。

ところで、日本帝国は同化政策をとったが、西欧植民諸国は必ずしもそうではない。西欧の場合、植民地人がほとんど異民族かつ異人種であったのにたいして、日本帝国のそれは異民族ではあっても同人種、しかも同じく漢文化圏であることが、同化への発想を促したように思われる。日本の場合、同化政策をとることは、非西欧型ナショナリズムに属する日本民族主義の流れにも沿うものであった。平野健一郎の観察によれば、西欧型ナショナリズムはローマ帝国から分離していく「異化」の過程で生まれたのにたいして、アジアをふくむ非西欧地域でのナショナリズムは、より多くの人民・地域を統合しようという「同化」の過程をとる(衛藤藩吉等『国際関係論』東京大学出版会、上、115頁)。したがって、文官総督時代から顕著にみられる台湾・朝鮮での同化政策は、こうしたナショナリズムの運動法則と合致するものである。異民族=植民地人を同化するには、「教化」もさることながら、その地位の向上をもはからなければならない。緩急の別はあっても、これは避けられないことである。台湾においては、文官総督時代に入ってから笞刑廃止がおこなわれたほか、「内台人融和策」「台湾人の政治参加」などがすすめられた。

内台人融和策

これは教育の拡充、内台共学、内台婚姻の「合法化」、法域一元化への試みなどにみられる。

文官総督時代における教育の拡充を数字的にとらえ、文官総督時代にはいる前の年とくらべてみよう。

表6がしめすように、大学が創立され、専門教育は校数・学生数のいずれも四倍に、中等学校学生数は六倍強に、小・公学校生徒数は三倍に増加している。

初等普通教育においては従来と同じく、小学校は内地人子弟、そして公学校は台湾人子弟のための学校であるが、大正八年（一九一九）からは例外的に、相互の小・公学校への入学が可能になり、大正十一年の台湾教育令（勅令第二〇号）によって、「国語を常用する者は小学校に、常用しない者は公学校に入るべきもの」と規定された。形の上では、国語《にほんご》能力による選別になったわけである（253頁参照）。

本国法令の植民地施行については、すでに武官総督時代末期の大正七年に「共通法」（植民地に関しては縁組を規定した第三条を除外）が施行されたが、大正十二年元旦から、民法・商法・民事訴訟法・民法施行法・人事訴訟手続法・商法施行法などが、若干の特例をのぞいて台湾にも施行された。従来禁止されていた台湾人株主のみによる株式会社の設立

表6　教育の拡充

年度／項目／学校別	大正7年		昭和10年	
	校数	学生数	校数	学生数
大学	0	0	1	114
専門学校	1	252	4	976
中学校	4	1,843	24	12,241
師範学校	2	908	4	1,379
職業学校	3	393	46	5,552
小・公学校	541	128,436	917	407,449
各種学校	19	1,706	23	4,457

（『台湾省51年来統計提要』1211〜13頁に基いて作成）

（明治四十五年台湾総督府令第一六号）は、民法の施行によって初めて可能になった。だが、憲法の全面的適用、刑法の一元化は終始実現されなかった。

日本本国人と外国人との婚姻は認められていながら、本国人と植民地人との婚姻縁組については、法的効果をもたないという状況がながいあいだつづいた。ようやく大正九年八月、田総督は通達をだし、「内地人・台湾人間に於ける婚姻・縁組の届出は、自今之を受理」することができるようになった。しかし、これは台湾での行政措置であって、日本国法上の効果を持つにいたらないため、大正十年に戸籍法が改正された。

この改正によって、内地・植民地人の婚姻縁組の完全な合法化がなるかと思われたが、改正の付則で「本法施行ノ期日ハ、勅令ヲ以テ之ヲ定ム」との規定があり、そのご勅令がだされなかったため、台湾では権宜措置でもってこの問題が糊塗されるという状態がつづいた。

昭和七年にいたって律令第二号「本島人ノ戸籍ニ関スル件」が発布され、翌八年三月から施行されたが、内台人の婚姻縁組が普遍的に、法的に認められたわけではない。「本島人ノ戸籍ニ関シテハ当分ノ内台湾総督ノ定ムル所ニ依ル」だけであり、総督の恣意的裁量が法的に認められただけである。

また、八年に施行された昭和七年勅令第三六〇号の縁組についての規定にしても、内地人と台湾人との縁組を全面的に認めたわけではない。同勅令の内容はこうなっている。日本人男子は、陸海軍の兵籍にあらざる者か、兵役に服する義務なきに至った者にあらざれば、台湾人の家に入籍することはできない。但し、徴兵終結処分を経て第二国民兵役にある者にして、縁組により台湾の家に入った者はこのかぎりではない。

本国人のみに兵役義務があるため、こうした複雑な規定になったのである。ただし、それ以外は昭和八年から「法的」に婚姻縁組は可能になったといえる。

地方制度の改正

前期武官総督時代に、台湾総督が制定する律令の議決、予算決算、重大な土木工事の設計、人民の請願などについて総督から諮問を受ける機構として、明治二十九年(一八九六)に台湾総督府評議会がつくられたが、評議会員は総督府の高級官僚に限られていた。

明治四十年に、職務を律令審議に限る律令議会が設立されたが、会員はいぜんとして高級官僚に限られた。文官総督の時代にはいり、大正十年にあらためて設置された同名の台湾総督府評議会には、在台の内地人官民にとどまらず台湾人も評議会員に加えられたが、評議会員はすべて総督の任命によるものであった。

これにさきだち、大正九年に地方制度の改正がおこなわれ、従来の庁を廃して、内地の県に相当する州を設け、州にいたらない地域のみ庁とし、州の下に市、州・庁の下に街・庄を設け、州・庁と街・庄の中間に郡をおいた。

従来、庁の補助機関として八六もあった支庁は廃止されて四六の「郡」に統合された。また、概ね警察でもって充当していた支庁長以下の地方官吏も、文官がその任にあたるようになった。市尹・郡守がはじめておかれ、州知事は勅任官、市尹は奏任官、そして街・庄長は奏任待遇もしくは判任待遇である。

行政区画のうち、州・市・街庄は州制、市制、街庄制があって、それぞれが公共団体としての法人格が与えられたのにたいして「郡制」がとられなかったため、郡のみは法人格がなかったようである。郡を除く各級行政区域にはそれぞれ「協議会」が設けられたが、州協議会員はいずれも民間の内地人・台湾人であるにしても、官選によるものであった。州協議会員は台湾総督が、市協議会員は州知事が、そして街・庄協議会員は州知事・庁長が任命する。

協議会員の民選がおこなわれるようになったのは昭和十年以降になってからである。昭和十年に市制、街庄制の改正がなされ、市には議決機関たる「市会」が設置され、街・庄には従来どおり諮問機関たる協議会が存置された。同年に選挙がおこなわれ、市会議員、街・庄協議会員のうち、それぞれの半数が州知事による官選、半数が民選によって選出された。選挙は制限選挙方式で、選挙権・被選挙権を有する者の資格は同じく、(a)帝国臣民たること、(b)年齢満二十五歳以上、(c)男子、(d)独立の生計を営む、(e)六か月以上当該市・街・庄の住民であること、(f)市・街・庄税年額五円以上納付を条件とする。

同年十一月二十二日に全島いっせいにおこなわれたこの選挙は、台湾史上初の政治参加への選挙であった。制限選挙であるため、投票率は九五・九パーセントに達した。当選者は市会では内地人が五一パーセントをしめ、台湾人が四九パーセントであったが、街・庄協議会では内地人は居住者が少なかったため八パーセント、台湾人が九二パーセントであった。

州制も昭和十年に改正され、「州会」が設けられた。しかし州会議員になるには、市会議員または街・庄協議会員でなければならなかった。その半数は台湾総督が任命し、残りの半数を市会議員および街・庄協議会員が間接選挙で選出するというものである。

実体なき地方自治

こうして、まがりなりにも昭和十年(一九三五)から「地方自治」が発足したのであるが、それは種々の面で制限を受けた。

街・庄協議会は依然として諮問機関にしかすぎなかった。

州会・市会は議決機関ではあるが、それぞれほかに、第二の議決機関ともいうべき州参事会と市参事会とが設けられている。いずれも州会または市会の議員の互選による六名の名誉会員のほかに、州参事会は州知事と州内務部長が、そして市参事会は市尹と助役が会員として加わっており、少人数でもって、州会・市会を代替していたのである。

州知事は州会と州参事会の議長を兼ね、市尹は市会・市参事会議長を、そして街・庄長は街・庄協議会の議長をそれぞれ兼ねる。行政機関の長が「議会」の議長を兼任するわけである。

各級「議会」はそれぞれの対応する行政機関の首長を罷免したり、不信任の決議をおこなえない反面、台湾総督は各級「議会」の解散を命ずることができた。

それに、総督は期日を定めて州会の停会を命じ、州知事は市会にたいして、庁長または郡守は街・庄協議会にたいして、それぞれ期日を定めて停会を命ずることができる。

これだけではない。州知事は総督の指揮を請うて、ただちに州会・州参事会の議決を取

表７　地方「議会」配置図

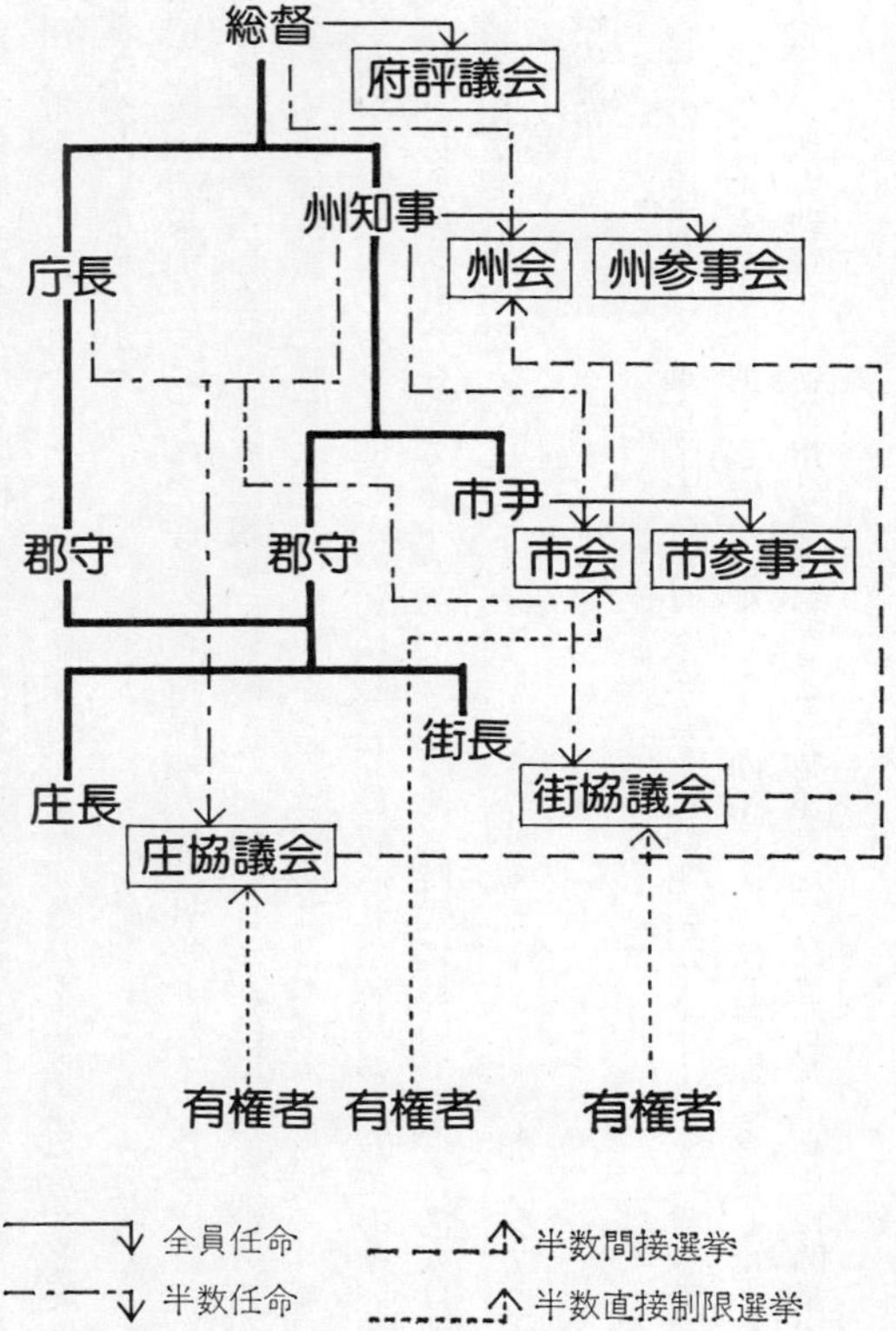
総督
府評議会
州知事
州会
州参事会
庁長
市尹
市会
市参事会
郡守
郡守
街長
街協議会
庄長
庄協議会
有権者
有権者
有権者
全員任命
半数任命
半数間接選挙
半数直接制限選挙

り消したり、それらの選挙さえも取り消したりすることができ、市尹は州知事の指揮を請うて、市会、市参事会にたいする同様の措置をとることができる。台湾に州・市会が設置されたことは評価に値する。だが、それを「地方自治」と評価するには、実体がともなわなかった。

日本本国国政への参加については、従来から植民地人は度外視されていたが、昭和七年に朝鮮の朴泳孝《ぼくえいこう》が勅選によって貴族院議員に任命されたのをきっかけにして、台湾でも辜《こ》顕栄《けんえい》が九年に、貴族院議員に勅選された（昭和十二年没）。辜は日本軍を台北城に引き入れたあとも、総督府に犬馬の労をつくしたために勲三等に叙された特異の存在であり、かつ数も一人だけという限られた任命であったので、文官総督時代においても、台湾人は国政参加への道を閉ざされていたといえる。

台湾人官僚の登用

台湾人官僚の任用面では、東京帝大政治科を卒業した劉明朝が大正十二年に総督府属に任命され、ここにようやく台湾人官僚が誕生した。同年に高等文官試験に合格したかれは、専売局翻訳官、地方理事官、新竹州勧業課長などを歴任した。最終官歴は高雄税関長である。

高等官への任用は原則上、高文試験に合格しなければならない。最初の合格者である劉明朝以降、合格者は年々ふえていった。たとえば劉茂雲《りゅうもうん》（行政。台南州勧業課長）、呂阿墉《ろあよう》（行政・司法。東京地裁司法官補）、朱昭陽《しゅしょうよう》（行政・司法。大蔵省）、周耀星《しゅうようせい》（行政・司法。鉄道省）、陳茂源《ちんもげん》（司法。東京地裁）、林徳欽《りんとくきん》（行政。東京府書記）、黄添禄《こうてんろく》（行政。大蔵省属）、劉《りゅう》万《まん》（総督府税関）、黄炎生《こうえんせい》（行政・司法。東京地裁司法官補）、饒維岳《ぎょういがく》（司法。台中地方法院判官）、杜新春《としんしゅん》（司法。判官）などがおり、ことに李讃生《りさんせい》は台湾人で最初の郡守になった。

しかし、高文に合格したからといって、必ずしも任用してもらえるとは限らなかったようである。たとえば司法科に合格した王清佐《おうせいさ》、蔡先於《さいせんお》、施炳訓《しへいくん》、白福順《はくふくじゅん》、黄演渥《こうえんあく》、張風謨《ちょうふうばく》、呉文中《ごぶんちゅう》などは任官されたかどうか、定かではない。

任官されても蔡伯汾《さいはくふん》のように大阪地裁の判事に昇進しながら、弁護士に転職したり、もしくは蔡伯毅《さいはくき》のように、台湾人最初の、そしておそらくは台湾人唯一の警部であったにもかかわらず、辞職して大道易者になった人もいる。多くは司法科に合格しても、現在ほどに尊敬されたとはいえない弁護士稼業に入ったのである（劉克明『台湾今古談』130頁以降）。

高文合格が高等官任用の条件とはいっても、それは原則としてであり、判任官からの昇進、それに内地人のばあいは融通がきいた。また昇進の速度も段違いだった。前出の劉明朝の東大二期後輩にあたる森田俊介は劉の一期後に高文に合格しているが、台湾総督府属にはじまって台中州大屯郡守、台北州警務課長、総督府理蕃課長、台北州内務部長を歴任し、昭和十六年に台中州知事、一九年に総督府文教局長に昇進している（森田俊介『内台五十年』185頁)。

総じてみると、文官総督時代の台湾では、総督が文官であるが故の突出した業績がみられなかった。経済、社会面の建設は、それに先だつ時代の延長線上にあって着々と進んだだけである。文官総督時代において、政党内閣の進退にともなう総督府人事の更迭、それと内地での政争、人脈、金脈との癒着がむしろ顕在化したことは、星新一が星製薬会社の興亡を画いた『人民は弱し、官吏は強し』(文藝春秋社)で描写しているとおりである。台湾人政治運動への弾圧も、それに先立つ時代における武力抗日運動への弾圧の延長であり、本質的相違はない。「大正デモクラシー」は台湾人とは無縁の存在であったのである。

4

後期武官総督時代

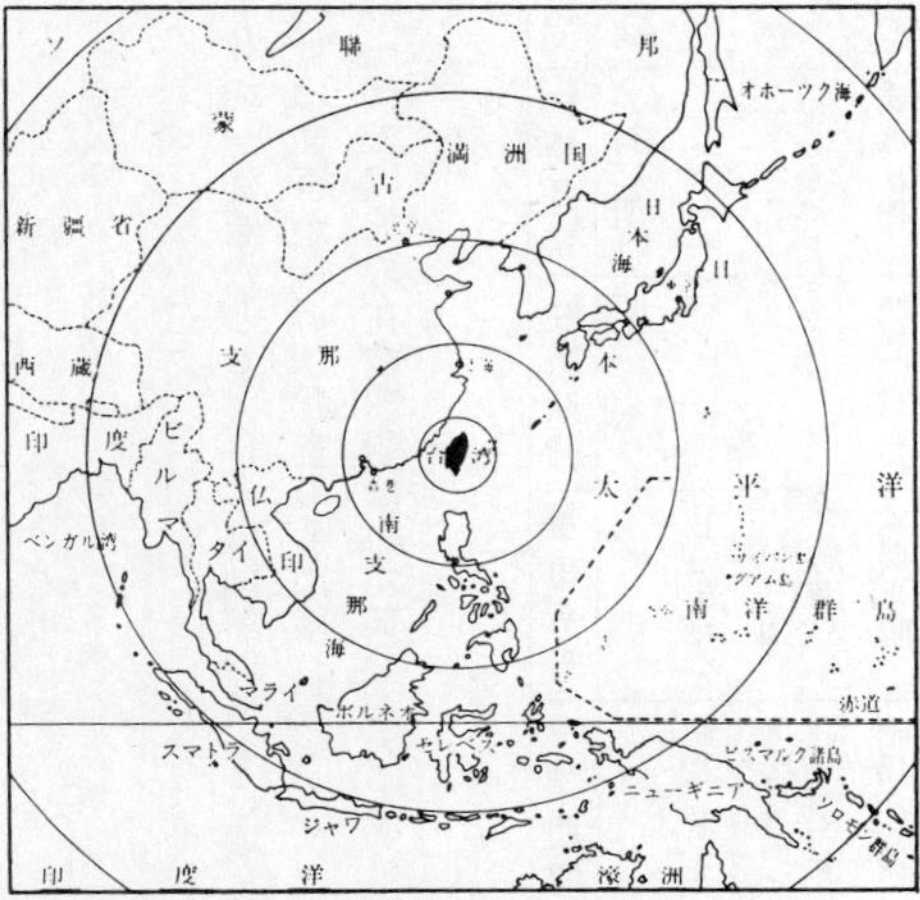

「台湾は大東亜共栄圏の中心」とはいうけれど…

戦争下の台湾総督府

日華関係は満州事変から満州建国へと悪化の一途をたどり、日本の国際環境も日増しに険しくなった。こうした時局下で、台湾総督は文官から再び武官の手に移った。

小林躋造《こばやしせいぞう》を起点とする後期武官はつぎの三代で、その在職期間は約九年である。

表8　後期武官総督表

代	総督	在職期間	齢	出身	軍籍	総務長官	在職期間	軍司令官	在職期間
17	小林躋造	昭11・9・2	60	広島	予備役海軍大将	森岡二朗	昭11・9・2	古荘幹郎	昭12・8・1
								児玉友雄	昭12・9・8
								牛島実常	昭14・8・1
18	長谷川　清	昭15・11・27	57	福井	海軍大将	斎藤　樹	昭15・11・27	本間正晴	昭15・12・15
								安藤利吉	昭17・4・13
19	安藤利吉	昭19・12・30	60	宮城	陸軍大将	成田一郎	昭20・1・6	（十方面軍）	昭19・9・22

注…安藤は昭和二十一年四月十九日に自殺。台湾総督府官制等の諸官制は昭和二十一年五月三十一日に廃止され、諸官は辞令を用いずして自然退官になる。

予備役提督の小林総督

第一七代総督になった小林躋造は明治十年広島の早川氏の子として生まれたが、小林家の養子となり、明治三十一年に海軍兵学校卒業、海軍大学をでたあと、英米に駐在、ロンドン軍縮会議問題下の海軍次官をつとめた。昭和六年に連合艦隊司令長官、八年に海軍大将に昇進し、十一年に二・二六事件の余波で予備役に編入された。山本権兵衛海軍大将の側近として知られる。時局がら、南進政策、大陸政策の基地たるべく、台湾の軍事基地としての様相が深まり、小林の起用となったのである。

小林躋造

小林の起用には、当時海軍次官であった長谷川清《きよし》海軍中将が奔走して、内閣の了解を得たのだといわれる（伊藤金次郎『台湾欺かざるの記』66頁）。

総務長官になった森岡二朗は一風変わった人物で、プロ野球功労者のひとりであり、総務長官任命時は「大東京軍」の取締役副会長でもあった。明治十九年の奈良生まれで、明治四十四年東京帝大法科卒。島根、青森、茨城、栃木各県知事をへて朝鮮総督府警務局長、内務省警保局長をへて、昭和十一年台湾総督府総務長官に任命された。

由来、武官総督は民政を民政(総務)長官に一任する傾向があった。予備役とはいえ、小林総督もその例にもれず、小事にはこだわらなかった。ところが、小林総督の片腕となるべき森岡長官はたいへんな代物らしく、年間一五万円に達する総督機密費のほとんどは森岡長官が費消したという。森岡は塩水港製糖事件でも汚職したといわれ、在台日本人のあいだでは評判が悪かった(山上北雷『半世紀の台湾』272頁)。

台湾はかような小林・森岡コンビの下で、日華《シナ》事変をむかえ、「皇民化運動」を強いられるが、このコンビは息がながく、中央で広田・林・第一次近衛・平沼・阿部・米内《よない》と、内閣はめまぐるしく変わってもその座を維持しつづけ、ようやく第二次近衛内閣にいたってから任務を解かれた。小林自身、任期が長すぎて疲労したこと、近衛内閣の内政(大政翼賛会)、外交(日独伊三国同盟)に反対だったから辞職したのだと、述懐している(伊藤・野村編『小林躋造覚書』80頁)。

日華事変の波紋

昭和十二年(一九三七)七月七日の蘆溝橋《ろこうきょう》事件は、宣戦布告なき本格的な日中間の戦争を告げるものであった。日本は中華民国にたいして宣戦布告をせず、蔣介石政権にしても、対日宣戦布告をしたのは太平洋戦争勃発の翌日になってからである。

だが、宣戦布告はなくとも、両国間の戦いは戦争そのものであることに相違はない。満州事変とはちがって、これは本格的な全面戦争であり、台湾人にとって二重の意味をもっていた。中国大陸といえば、大半の台湾人の祖先はここから台湾に居を移してきたのである。台湾人はどちらに加勢すべきなのか。他方、日中戦争によって、日本帝国は台湾人を敵視しないか。……台湾人は踏み絵の前に立たされた心境にあったであろう。

大陸の漢族人を相手にして戦うことに、心を痛めた台湾人もいた。そのいっぽうで、「われわれはかれらによって切り捨てられ、日本帝国に売り渡されたのだ」という考え方をするものもいた。満州事変前後の弾圧で中国大陸に逃れた台湾人政治運動者は、あるいは中国共産党側に、あるいは蔣介石側に身を投じて日本軍と戦った。かれらに共通するのは、日本帝国の打倒以外に台湾解放はない、という信念であった。だが、すべての台湾人政治運動者がそうであったわけではない。たとえば林呈禄《りんていろく》らは、台湾をすてた「祖国」に見切りをつけた。かれらは日本帝国に協力することによって、台湾人の地位向上をはかるべきだとした。

こうした「識者」たちの右往左往ぶりとは別に、台湾人一般大衆は、身を大勢にゆだねた。「戦争は日中間のことであって、われわれには関係のないことだ」。おそらくこれが、台湾人大衆の偽わらざる心境ではなかったろうか。

しかし、戦争ともなれば、軍事費の分担を課せられ、かれらの肩にいろいろな重荷がのしかかってくる。昭和十二年から「支那事変特別税」のほかに、翌年からは利益配当税、通行税、入場税、物品税が加わり、十四年には建築税、遊興税が追加された。もちろん従来からの租税も増徴されている。昭和十一年における台湾総督府の歳出一億三三九四万円を基準にすると、昭和十二年は一・二倍、十四年は一・六倍、十六年は二・二倍の二億八九七一万円に達する(『台湾年鑑』昭和十九年版、188頁)。

日常生活面では物資統制、配給消費統制がなされ、窮屈になった。だがこれらは日本本国も同様であり、台湾独特の差別、搾取ではなかっただけに、大きな不満の種にはならなかったようである。

戦火は台湾には直接に及ばず、戦災をわずかに一度被っただけであり、昭和十四年五月に中国から飛び来った一機の中華民国重慶空軍機によって、松山飛行場と、竹東街の町はずれにある台湾鉱業の合宿所が爆撃され、二人の爆死者と数人の負傷者を出す事件があっただけで、「戦争」とはいっても、大きな緊張感はなかった。

日本帝国の手先と軍夫

台湾人の中国渡航には、当然ながら日本帝国のパスポートを所持する。かれらには「日本帝国臣民」としての地位があり、中国での商活動に関しては多くの便宜が与えられていたため、日華事変以前の段階で、すでにおおぜいの台湾人が中国に渡っていた。

かれらの中には、日本帝国という「虎」の威によって、要職についた者もいた。昭和七年に満州国（九年、帝国）がつくられ、昭和十年に河北で冀《き》東《とう》防共自治政府、そして十三年に中華民国臨時政府（北京）、十五年に汪兆銘《おうちょうめい》（汪精衛）による中華民国国民政府（南京政府）など、日本帝国の息がかかった政権が樹立されると、「漢族出身の日本帝国臣民」という特異な背景にある台湾人が「日中の架け橋」として、中堅官僚に採用された。謝介石のように満州帝国の外交部大臣になったのもおれば、満州帝国の要人の痔疾を治療したのが機縁となって、満州国の憲兵大佐に任官された郭某の例もある。北京に首都をおいた、日本側に立つ中華民国臨時政府には、治安軍司令黄南鵬、財政科長謝廉清《しゃれんせい》が、天津警務局秘書長に張銀楽《ちょうぎんらく》がおり、厦門《アモイ》市長秘書長の張冠書《ちょうかんしょ》、厦門専売局長の林斉天も台湾人であった。

このような人たちが中国で何をしたか、糾弾さるべき点は多々あろうし、日本帝国の尖兵になったとのそしりは免れえない。その反面、台湾島内で差別待遇にあえぐ人たちが、抑圧と不遇から解脱する方策として、それに便乗した要素もあったであろう。

これらの、虎の威を借りた狐たちとはちがって、多くの台湾青年が、通訳・軍夫・農業義勇団として徴用され、中国大陸で日本帝国のために奉仕させられた。この人たちについては、『事変と台湾人』（竹内清著）、『台湾銃後美談集』（前田倉吉編）にみられるような戦意昂揚を目的とした宣伝物には事欠かない。

しかし、台湾青年がことごとく「勇躍」して徴用に応じたとするのは早計である。「軍人・軍犬・軍馬・軍属・軍夫」という序列にからめた揶揄《やゆ》からもわかるように、犬畜生に劣る軍属・軍夫に台湾青年がよろこび勇んで応募したはずはない。多くは庄役場に呼ばれ、否応なしに「志願」させられたのである。農業義勇団は現地では「軍農夫」と呼ばれ、通訳に医者・弁護士・会社重役・公学校訓導があてられた（竹内『事変と台湾人』119頁）。かれらがよろこび勇むであろうか。

こうした事例や、あいつぐ台湾人政治結社の解散、運動者の逮捕を除けば、戦争は対岸の火事でしかなかった。

皇民化運動

満州事変を契機にして、台湾民族運動は扼殺《やくさつ》され、台北帝大教授中井淳のいう、台湾における「官吏王国」はますますそれへの傾斜を深めていく。「内地延長主義」という台湾人の日本化も、しょせんは台湾人の独自性をもぎとるためのかけ声であり、台湾人の地位向上は遅々としてすすまなかった。

蘆溝橋事件の前年に赴任した小林総督は「皇民化、工業化、南進基地化」を台湾統治三原則として掲げた。

ことばとしての「同化」は早くから言及されており、たとえば明治四十四年に、当時の総督府内務局長亀山理平太も唱えていたが、基本的には台湾人を異民族として支配していく方針が持続された。第一次大戦後、文官総督へ移行する前後から、台湾人を日本人化する同化政策がとられるようになったが、どうして小林総督時代にあらためて「皇民化」政策が必要になったのだろうか。

それは、従来の同化政策が微温的で効果を挙げることができず、総督府当局から「日本政府の台湾統治に反抗するものである」と烙印を押されながらも、しつように続けられた台湾議会設置運動にもみられるように、台湾民族運動に根強いものがあったからである。台湾人と種族を一にしているとされる中華民国と戦争をするにあたって、台湾人の帰趨《きすう》は大いに危惧されるところであった。そこで、台湾人を対中戦争に協力させるためには、「皇国精神の徹底を図り、普通教育を振興し言語風俗を匡励《きようれい》して忠良なる帝国臣民たるの素地を培養」しなければならない（小林総督の地方官会議での演説）。「皇民化」は「同化」の意味をさらに強めるものであった。そして教育勅語の遵守、大日本帝国の神国たることを信じ、尽忠報国も孝に通ずることなどが唱えられたのである。

「改姓名」の布告

昭和十二年七月七日に蘆溝橋事件が起こるや、日本本国においても国民精神の発揚がさけばれ、第一次近衛内閣は九月に「国民精神総動員計画実施要綱」を発表した。それを受けて、台湾での皇民化運動もいちだんと拍車がかかった。

台湾人を「陛下の赤子《せきし》」たらしめる皇民化をすみやかに進めるために、昭和十二年に新聞漢文欄の廃止、国語《にほんご》常用運動、偶像・寺廟の撤廃、神社参拝の強制、旧暦正月行事の廃止など、台湾文化の破壊ともいうべき精神改造がすすめられた。それと並行して、台湾人を戦争協力にかり出す台湾人軍夫の徴用、試験的規模ではあるが、志願兵制度の実施がなされた。その極めつきが、名前までもとりあげてしまう「改姓名」(昭和十五年)である。

昭和十五年二月十一日、その日は「皇紀紀元二六〇〇年」の記念日にあたるということで、この「良き日」を期して台湾人に、姓名を日本式に変えることが「許される」ようになった。

この日に森岡総務長官はつぎの談話を発表している。

「本島人が内地人と異る所なきものとなる為めには、実質的には皇道精神を体得して物事に対する考へ方が内地人と同様になることを必要とする。又形式的には言語を始め姓名、風俗、習慣等の外形も内地人と差異なきものとなる事が理想である。即ち精神も形式も内地人と同様となって始めて完全に日本化したと云ひ得るのである」(鷲巣敦哉『台湾保甲皇民化読本』315頁)。

朝鮮でも同時にこの措置がとられ、八月十一日までの半年に二五〇〇万朝鮮人の八割が創氏改名した。朝鮮民族主義者柳周鉉はこれを「一種の保護色だといえば屈辱にはなるまい。実際のところ、一般に注目を受ける人たちであるほど、いっそう名前を変えないわけには行かなかった」（柳『小説・朝鮮総督府』講談社、下、280頁）と改姓名した朝鮮人の苦しみを代弁しているが、台湾総督府は朝鮮での創氏改名にまつわる赫赫たる戦果を台湾人に誇示し、台湾人の不熱心さをなじった。同時期の台湾人改姓名者は一六八人にとどまったからである。

長谷川総督

ところで昭和十五年頃になると、軍部は米・英・華・蘭《オランダ》のいわゆるＡＢＣＤ包囲線の脅威を感ずるにいたり、台湾の軍事的重要性から、また南進基地としての台湾を海軍提督をもって掌管すべきだとされた。現役武官制と長谷川任命は連動的発想であり、それは長谷川の級友である海相及川古志郎《おいかわ》による提案であったといわれる（同伝刊行会編『長谷川清伝』285頁）。及川は三国同盟に消極的な従来の海軍首脳部とは違って、同盟締結に積極的だった中堅層に同調、海相として三国同盟の締結に賛意を表し、また北部仏印進駐に関する政策決定でも重要な役割りをはたし、対英米開戦路線を推進した海軍きってのタカ派で

長谷川　清（同伝記より）

ある。

第一八代総督長谷川清は明治十六年の福井県生まれ。三十三年に海軍兵学校に入学し、日本海海戦では海軍中尉として参加、大正十一年海軍大佐、昭和七年海軍中将、翌年にジュネーブ軍縮会議に全権として出席、昭和九年海軍次官になった。十二年支那方面艦隊司令長官兼第三艦隊司令長官、十三年横須賀鎮守府司令長官、十四年海軍大将に昇進し、十五年に台湾総督に任命された。

同時に総務長官に任命された斉藤樹《いつき》は明治二十一年の千葉県生まれ、明治四十五年に一高を卒業したあと、郷里で英語教師をしてから大正六年に東京帝大法学部を卒業した。昭和二年警保局警務課長になり、六年以降奈良・富山・埼玉・静岡各県知事を歴任し、十二年に警視総監に就任した（警視庁総監室調べ）。斎藤は長谷川が総督に内定したあと、長谷川が総務長官にと、みずから選定したのだという。

長谷川総督は歴代武官総督の例にもれず、民政は総務長官に任せきりだった。そしてこの斎藤総務長官にたいする在台日本人の評価は毀誉《きよ》褒貶《ほうへん》あい半ばしている。一例をあげると、その下で総督府文教局長をつとめた西村高兄はその「行政上の豊かな経験は克く長谷川政治を補佐して治績を挙げることに稗益すること甚だ多かった」（西村「海量の大器」『長谷川清伝』）としている。これにたいして地方郵便局長であった山上北雷は、台湾の役人から見て長谷川総督は偉いが、斎藤長官は「虎威をかる狐の類」であり、その風評はかんばしくなかったと評している（山上『半世紀の台湾』274頁）。

ともあれ、長谷川総督の赴任した翌年に日本は太平洋戦争に突入し、長谷川・斎藤コンビは決戦下の台湾の舵取りになったのである。

緒戦で連勝気分を味わった日本軍はミッドウェイ海戦を転機に敗退し、反攻に転じた米軍は南洋から北進しはじめた。台湾もいずれは戦地になることが予想されたために、昭和十八年から本国政府は有事のさい、総督の権力の一部もしくは全部を台湾軍司令官に移譲し、普通の法律によらずして人民の権利を制限する戒厳令を研究していた。十九年十月、日本軍はレイテ湾作戦で敗れ、米軍の沖縄・台湾攻撃が現実性を帯びてきた。

ここにおいて、むしろ「総督陸軍武官ナルトキハ台湾軍司令官ヲ兼ネシムルコトヲ得」るとの規定を活用すべきだということが、着目された。この謀議は十九年十二月二十六日、二十七日ころ、南洋から帰京途中の大本営陸軍作戦部長宮崎周一中将と、すでに台湾軍司令官から第一〇方面軍司令官に就任していた安藤利吉大将とのあいだでなされている。興味あることに、長谷川総督はつんぼ桟敷におかれたままであった。帰京した宮崎はただちに陸軍次官に謀議の内容を具申し、杉山陸相と小磯首相とが協議した結果、それを採択し、二十八日、小磯首相が直接電話で台北の長谷川総督に辞職を勧告した（『長谷川清伝』187頁）。

長谷川はただちに辞表を提出し、三十日には後任者として安藤第一〇方面軍司令官が発令された。こういう事情であるために、長谷川の台湾総督の座は、陸軍の陰謀や安藤の個人的野心によって奪われたのだともいわれている。人間の運命はわからないもので、長谷川はその結果、台湾で敗戦の屈辱を味わわなくてすみ、内地で安穏裡に終戦をむかえ、天寿をまっとうすることができた。昭和四十五年没、享年八七歳。歴代総督の最長寿記録保持者である。

安藤総督

第一九代、そして最後の台湾総督に任命された安藤《あんどう》利吉《りきち》は明治十七年の宮城県生まれ、陸士・陸軍大学卒。参謀本部員をへて第五師団長、昭和十三年に第二一軍司令官となって南寧攻略戦を指揮した。十五年に南支方面軍司令官となり、仏印武力進駐責任のいけにえにされて、翌十六年に予備役にまわされた。しかし太平洋戦争が勃発するにおよんで現役に復し、台湾軍司令官に任命されたのである。かれは十九年に大将に昇進し、台湾軍が第一〇方面軍に拡張されると、その司令官になり、同年末台湾総督に任命された。

総務長官には、総督より一週間遅れて翌二十年一月六日に成田一郎が発令された。成田は明治二十七年に宮城県で生まれ、京都帝大法科を卒業し、高文合格、大島久満次を初めとする東大出身者の中で、かれは、人見次郎とともに例外的な非東大卒の総務長官である。かれは埼玉県で郡長をつとめたあと、警視、内務省社会局事務官を歴任し、昭和十四年に石川県知事、十七年から二十年一月まで兵庫県知事に在任して、台湾総督府総務長官に任命された（兵庫県庁人事課調べ）。成田の任命は当時中央主務官庁であった内務省の大臣、大達茂雄の推薦によるものであり、成田が安藤総督と同郷でしかも同じ中学出身であることが考慮されたのだといわれる（山上、『半世紀の台湾』289頁）。

降伏文書にサインする安藤利吉（1945年）

皇民奉公会

平沼・阿部・米内の各内閣をへて昭和十五年七月に第二次近衛内閣が成立し、近衛は十月に「大政翼賛会」をつくった。「互助相誡、皇国臣民たる自覚に徹し、率先して国民の推進力となり、常に政府と表裏一体協力の関係に立ち、上意下達《かたつ》、下情上通《かじょう》を図り、もって高度国防国家体制の樹立に務む」(「実践要綱」)というのである。当初は、これを全国画一の運動とする予定であったが、植民地の事情は異なるとして、昭和十六年四月、朝鮮に「国民総力聯盟」、南樺太に「国民奉公会」、関東州に「興亜奉公聯盟」がつくられた。台湾の「皇民奉公会」はその一環である。

昭和十五年十一月に赴任した長谷川総督は、時期的に皇民奉公会運動のにない手になった。

皇民奉公会は、総督府以下各級の行政組織をすっぽりとかぶせてしまう大がかりなもので、総裁には長谷川総督、中央本部長には斎藤樹総務長官が任じた。中央組織としてはこのほかに総務・宣伝・訓練・文化・生活・経済の各部がおかれ、地方組織として州・庁には支部、市・郡には支会、街・庄には分会、区・部落には区会・部落会、最末端には奉公班がある。各級の組織の長はそれぞれの行政首長が兼任する、いわば両者が混然一体となっている組織形態である。

皇民奉公会の推進にあたって、長谷川は小林総督の皇民化運動に若干の手なおしをくわえ、小林時代の偶像・寺廟《じびょう》撤廃、文化的抑圧を緩和した。小林総督らは台湾の宗教を迷信の類ときめつけ、大国魂命《おおくにたまのみこと》、大己貴命《おおなむちのみこと》、少彦名命《すくなびこなのみこと》、北白川宮能久《よしひさ》親王を合祀《ごうし》する台湾神社をはじめ、各地に設置された神社への参拝を強要し、各家庭には祖先祭祀に代えて伊勢大神宮の大麻《たいま》奉祀を強要したが、台湾人には不許であるにとどまらず、大きな反感をかった。そもそも迷信をともなわない宗教などありはしないのである。台湾人大衆の伝統的娯楽たる歌仔戯《コアヒ》、布袋戯《ポテヒ》の禁止にしても反感を呼びおこす火種であった。

長谷川総督は小林による禁止を緩和し、「統治の趣旨に反しない限り」これを容認する政策をとった。『長谷川清伝』はこれを仁政として評価しているが、不満が反感をうみ、反発が抵抗を呼ぶことをおそれて、やむなく政策の後退をはかったとみるべきであろう。げんに神社参拝は長谷川時代にますますその強制の度合を強めている。

宗教的、文化的抑圧が緩和されたとはいっても、警察万能にくわえて、軍事色につつまれた戦時下において、独自の宗教・文化活動をすすめるには危険がともなうため、台湾人は自粛を余儀なくされた。

学校での「忠君愛国」「尽忠報国」教育は日をおってその度をくわえていき、学校・官庁での台湾語使用禁止は、「国語《にほんご》常用家庭」運動とあいまって、きびしくなっていった。

緒戦の勝利が台湾人の投機分子をして、日本帝国がわにはしらせたことも疑えない。ことに市内の虚栄的な人たちの中には、台湾語は忘れたといわんばかりに、「内地人まがいのアクセント」をあやつって「知識人振り」を得意がる者が少なくなかった。日本名に改姓する者がふえてゆき、最終的には一〇万人ぐらいになったようであるが、正確な数字は定かでない。「隷属の民」が自分じしんを見失うところに悲劇があり、そうなったことを後日になってから、ひたすら為政者・支配者の咎《とが》とするのは、公平さを欠くといわねばならない。本来の姓名を保持することが諸々の面で不利であったにはちがいないが、「より日本人らしくみせたい」という本人の願望も大きな要素であった。

台湾総督府は皇民奉公会の別動隊として、奉公壮年団、産業奉公団、挺身奉公隊、文学奉公隊、未婚女性による桔梗《ききょう》倶楽部《クラブ》を組織した。太平洋戦争下にあって、これらの団体は皇民奉公会を軸として動き、人びとを「聖戦完遂」にかりたてた。

皇民奉公会はまた、太平洋戦争序盤戦の大捷と歩調をあわせ、南洋経営のための尖兵を訓練すべく、多くの錬成所を設置し、台湾青少年をこれらに投入した。

高雄、台南、台中の各州あわせて七か所設けられた「拓南農業戦士訓練所」は三か月の訓練期間で熱帯農業の技術を会得させることを目的とした。「拓南工業戦士訓練所」は国民学校卒業程度の青少年に半年の訓練で、土木、建築、機械の速成技術を付与するものであり、「海洋訓練隊」は三か月でもって水泳、漕艇、航海の海洋訓練を実施した。

台湾総督府がもっとも注目したのは、おそらく高砂族の存在であろう。ポリネシア・インドネシア系に属する高砂族は、南洋占領地の住民と種族がほぼ同じであり、占領地現地人の中にとけこんで、対日協力への働きかけに利用するのに格好の存在であった。それに、山地密林を渉猟することにたけているため、南洋のジャングル作戦で使役するのに適した。こうして「高砂青年隊」が結成され、南洋に注ぎこまれたのである。

南進基地化

明治維新以降、日本帝国政府は、対外進出を日本の領土保全策とした幕末の尊攘思想を受けつぎ、そして富国強兵策をとった結果、当然の帰結として、一大帝国をきずくことを夢見るにいたった。そのさい、北進――大陸進出――と南進両論の対立がみられたが、それは日本帝国の国力と国際環境についての認識の相違に由来するものであって、根本的な対立ではなかった。

結果的にみて、日本帝国は振り子のように北進と南進を往き来し、領土を拡張した。最初に明治七年の台湾出兵によって琉球領有を確立し、日清戦争によって朝鮮に確固たる地位を築いた。そしてその副産物として台湾を領有した。日露戦争では関東州を手に入れ、第一次大戦では南洋群島を支配下においた。満州事変で満州を確保して日華事変へ突入、中華民国の沿岸一帯を占領することができた。そして第二次大戦をむかえては、最南端領土たる台湾を「不沈航空母艦」に擬して、東南アジア進撃の足がかりにしたのである。日本帝国の台湾領有は、第二次大戦にいたって最大の効力を発揮したといってよい。兵員、艦隊、航空機、武器、弾薬、食糧の集結基地として台湾がはたした役割は大きく、もし台湾を領有していなければ、緒戦にみられたようなはなばなしい戦果を得られなかったであろう。そもそも、大戦への突入という政策決定そのものが、戦略基地台湾をぬきにしては考えられなかった。

台湾が日本帝国の対外進出の基地になったのは、これが最初ではなかった。はやくも明治三十一年（一八九八）に、日本帝国は清国に「福建不割譲宣言」を強要してこれに成功し、福建を日本帝国の勢力範囲にすることができた。これは日清戦争で得た清国での権益、とりわけ華中・華南でのそれを、近接する台湾からの強力な支援によって確保することにあった。

明治三十三年の義和団事件では、日本帝国は、厦門東本願寺布教所の出火を清国側による放火だと捏造《ねつぞう》して厦門に出兵したが、この事件には台湾総督府が大きな役割を演じており、台湾守備隊も出兵している。また、台湾総督府は孫文の革命にも援助を与えている（向山寛夫「厦門事件と恵州事件」『國學院大学大学院紀要』第六輯所収）。

この事件のあと、華南経営の中心事業として三五公司が創設された。『後藤新平伝』にいう。

「三五公司は、表面上、日支合弁の事業会社であった。しかし事実は、……台湾総督府の対岸経営方策を実行するための、国家的色彩の強い機関であった。従ってその事業の中心は、樟脳《しょうのう》事業と潮汕鉄道の経営であったが、その他に星架坡《シンガポール》殖林事業、仏領東京《トンキン》採貝業務、源盛銀行、東亜書院、龍岩および福建鉄路、汕頭《スワトウ》水道事業等に及び、もし順調に発達すれば、満州における満鉄の如き、植民会社となり得るの性質を帯びたものであった」（台湾統治篇下、175頁）。

もっとも、三五公司の事業は明治四十年代にはいって頓挫している。

台湾総督府では台湾の地の利をいかし、華南と東南アジア研究に力を注ぎ、これらの地域の地理、資源、産物にとどまらず、歴史から民族構成にいたるまで詳細な調査報告をひんぱんに刊行し、これらの地域への進出のための基礎知識を蓄積していった。

日本本国では、海外進出をはかるべく、昭和四年に拓務省を新設した。すでに明治三十八年に朝鮮経営のための東洋拓殖株式会社が創設されており、それを模して、昭和十年に満州拓殖公社が、昭和十一年に南洋拓殖株式会社が創設され、台湾に関しても、台湾および華南と南洋における拓殖事業の経営と資金供給を目的とする台湾拓殖株式会社が設立された。これは政府と民間の折半合弁にかかるもので、勅令にもとづく国策会社である。正副社長は拓務大臣の認可をへて台湾総督がこれを任命する（拓務省『拓務要覧』昭和十五年版、471頁）。

このような一連の会社は、いわば軍事行動によって得た成果を、経済面で発揚するための道具であった。昭和十四年（一九三九）に、日本は海南島を占領し、その統治・開発機関として「海南海軍特務部」を設立した。特務部役人の過半数は台湾総督府関係者がしめ、民間事業も台湾銀行と台湾拓殖株式会社をはじめ、台湾での主要事業や商社が進出している。

端的にいえば、日華事変以降、台湾は日本帝国にとってますます重要な存在となった。それとともに、台湾総督府の役割は台湾統治にとどまらず、華南の経営、そして東南アジア進出を担う役割がますます明らかになっていくのである。

大戦下の台湾人

経済事情の逼迫《ひっぱく》

昭和十六年（一九四一）十二月八日早朝、全台湾のサイレンがいっせいにうなり声をあげた。太平洋戦争が勃発したのである。新聞・ラジオは真珠湾での赫々《かくかく》たる戦果を報じたが、人びとは言いようのない不安につつまれた。だが若干の有識者をのぞけば、米英を相手にして戦うことがどんな重大な意味をもつのか知るべくもなかった。むしろ、グァム、香港、マニラ、クワラルンプール、シンガポールのあいつぐ占領、そして昭和十七年三月九日には蘭印軍《オランダ》が全面降伏するなど、緒戦の勝利に台湾人は心理的に自分を勝利者の方に組み入れたふしがみられなかったとはいえない。

じじつ、戦争はすでに数年前から「支那《シナ》事変」の形ですすめられていた。それも日本帝国の勝利の方向にである。日華《シナ》事変期における台湾の軍事関連費用の負担は、台湾総督府年間予算の三分の一をしめる巨費ではあったが、極度に民生をおびやかすほどのものではなかった。それは同時期における発展があったからであり、こうした負担を吸収するだけの能力はあった。農林水産鉱各業をぬきにして、工業生産の増加のみをあげても、表9のように、それは歴然たるものがある。

表9　日華事変期工業生産額　（万円）

年　度	生 産 額	前年比増
昭和 11 年	31,261	
12 年	36,381	5,120
13 年	39,415	3,034
14 年	57,076	17,661
15 年	63,220	6,144
16 年	65,977	2,757

（『台湾省 51 年来統計提要』778 頁より作成）

しかし、太平洋戦争の勃発により、きびしさを増す戦時経済統制にくわえて、産業の成長率は鈍化し、ふえるいっぽうの軍事負担と昭和十九年からの米空軍機による猛爆によって、台湾の民生は耐乏の上に耐乏をしいられるようになった。

民生にもっとも直截的に反応するのは食糧事情である。従来の「米穀移出管理令」（昭和十四年）、「台湾米穀等応急措置令」（昭和十六年）にくわえて、昭和十八年に「台湾食糧管理令」により、米穀・小麦・甘藷《いも》の集荷が一元化され、新設の台湾食糧営団が一元的に貯蔵や総合配給事業をおこなうようになった。穀倉であるはずの台湾で主食穀類の不足現象が戦局の緊迫感をあたえた。

昭和十九年にはいり、「非常措置要綱」の閣議決定に即応して、三月六日に台湾総督府は「非常措置実施要綱」を発表した。中等学校以上の常時勤労動員、労務の需要に応ずる国民徴用、食糧配給、廃物利用、旅客列車削減による貨物輸送優先、防空退避壕にくわえて戦車妨害を目的とした戦車壕掘りなど、大戦の重圧は人びとの肩にのしかかった。

台湾総督府の歳出は、昭和十六年の二億八九七一万円（決算）から、四億一五九〇万円（十七年予算）、五億一四二二万円（十八年予算）、六億九〇六五万円（十九年予算）へとウナギのぼりに増加していった。本国一般会計への繰入れ金、戦争遂行のために台湾で使用される各種の支出をべつにして、昭和十九年度の臨時軍事費特別会計への繰入れ金は一億一八一万円に達した（『台湾年鑑』昭和十九年版、190頁）。日華事変期の最高額である昭和十六年にくらべて、四倍強の負担である。昭和二十年度の臨時軍事費負担は二億八八七万円を予定されていたが、敗戦によって実現しなかった。

昭和十九年から激化した米空軍機による猛爆によって工業は大きな被害をこうむり、生産力はいちじるしく低下した。

「志願兵」から徴兵へ

由来、日本帝国においては、軍人は国防の第一線に立つ名誉ある存在であり、日本本国人のみ軍人たりうる資格があるとされた。植民地支配当局はしばしば「台湾人は兵役の負担がないから、ほかの面でもっと貢献すべきだ」と公言した。しかし、これは台湾人にたいする恩恵ではなかった。台湾人には兵役こそなかったが、軍人に比してはるかに地位の低い軍属・軍夫として使役された。

昭和十三年一月、朝鮮に志願兵制度が実施されたが、このとき台湾では正式には適用されなかった。これは当時の戦争が「日中」戦争であり、台湾人が「中国人」と戦うかどうか危惧すべき事情があったからである。もっとも、試験的なこころみはなされていて、たとえば同年三月、新竹の十五歳の少年張彩鑑《ちょうさいかん》は少年航空兵として採用され、陸軍航空学校に入学している。

台湾で本格的な志願兵制度が施行されたのは、朝鮮より四年おくれて、太平洋戦争勃発後の昭和十七年四月一日からであり、この日陸軍特別志願兵制度が施行された。ただし、閣議決定そのものは、太平洋戦争勃発前の昭和十六年六月二十日にすでになされている。

同制度にもとづき、昭和十七年から十九年までの三年間に、漢族系台湾人四二〇〇余人が「陸軍特別志願兵」の名目で徴集された。台湾総督府は高砂族系台湾人を意識的に分離して、同時期に一八〇〇余名の「陸軍特別志願兵」を徴集し、「高砂義勇隊」に編成した。したがって、台湾人の「陸軍特別志願兵」は合計六〇〇〇余名である。

海軍特別志願兵制度のばあいは、朝鮮と同時に昭和十八年八月一日から施行され、同年から翌年にかけて三〇〇〇名が「海軍特別志願兵」として徴集された。昭和十九年五月から七月にかけて、訓練をへずして直接海兵団に入隊した者八〇〇〇余名をふくめ、「海軍特別志願兵」は計一万一〇〇〇余名であり、陸海軍を合計すると一万七〇〇〇余名である（台湾総督府『台湾統治概要』71頁）。

年齢は一九歳から二三歳までを主とし、最低一七歳から最高三〇歳までとされた。「志願兵」の中には、心底から志願した者もいよう。だが、雑役として使役される軍夫に徴用されるよりも、上位に位置する兵隊になったほうがましだと考えて志願した者も多々あったろうし、「非国民」呼ばわりされるのをおそれて、やむをえずに志願させられた者も少なくなかったであろう。

ともあれ、戦況の悪化にともない、志願兵だけでは兵員の消耗に追いつかないため、昭和二十年から台湾人にも徴兵制度が施行され、かくて、好むと好まざるとを問わず、台湾青年は兵役に服する義務をおうにいたった。

もちろん、軍属・軍夫の徴用もつづけておこなわれた。戦後（昭和四十八年四月）、厚生省の発表したところによると、台湾出身の軍人数は八万四三三名、軍属（含軍夫）一二万六七五〇名で、合計二〇万七一八三名である（『台湾人元日本兵士の訴え　補償要求訴訟資料』第一集83頁）。

〝日本軍人〟として

徴集された台湾人は、日本軍の一員として、どのような戦い方をしたのであろうか。そのようすの一端を、杉崎英信著『高砂義勇隊』からみてみよう。

「あの墓にはBという高砂義勇隊員が眠ってゐるのです。ニューギニア作戦の当初から、彼はBとともに戦って来ました。喜びをともに喜び、苦しみをともに苦しんで、食糧のない日が何日も続きました。けれども、皆んな頑張り通しました。或る日Bはずっと後方の兵站基地にさがって、食糧を運ぶことになりました。ところが、今度彼がBに会った時には、Bは死んでおりました。五十キロの米をかついだまま、ジャングルの中に飢ゑ死してを《(ママ)》ったのです。背中の米には一指もつけずに……」(242頁)。

太平洋戦争も末期になると、戦局はきわめて不利になり、台湾にも米軍の爆撃機が来襲した。そのころ、台湾人兵士たちは大陸戦線に、また南方戦線へとかり出され、文字どおり食糧を「死守」したB運搬兵のように、日本軍の一員として忠実に戦い、死んでいったのである。

しかし、日華事変といい太平洋戦争といい、戦争そのものは、台湾人が始めたわけではなく、推進したものでもない。にもかかわらず、日華事変のさなか、中国大陸では台湾人を侵略者の手先として、なにはともあれ、まず台湾人をやっつけろという風潮があった。「漢奸」だというのである（竹内清『事変と台湾人』199頁）。太平洋戦争が日本の敗戦に終わると、大陸や仏印にいた台湾人は中国人から敵視され、報復された（丘念台『嶺海微飈』241頁参照）。

台湾人が中国を裏切ったとでもいうのだろうか。清国がもし中国そのものであったとすれば、台湾は台湾人の同意もなく、中国によって日本に割譲されたのである。また、連合国についてみても、はたしてこれらの国々が「正戦」の側に立っていたといえるだろうか。実際には、これらの連合国が台湾人を自分たちの味方にしたことはなかったし、台湾は現実には猛爆撃の下にさらされていたのである。

まぼろしの国政参加

太平洋戦争が熾烈の度をまし、日本軍の敗色が濃くなると、日本帝国は台湾人の協力を得る必要上、さまざまな懐柔策をとった。

このころ、内地人官僚には四〇パーセントないし六〇パーセントの加俸がなされているのを考慮して、台湾人官僚には三割の臨時増給をおこなうようになった。南方へ派遣される司政官などにも台湾人が採用され、かれらは内地人と同等待遇が与えられた。

昭和二十年三月には、台湾人、朝鮮人に国政参加への道をひらくための法改正がなされた。三月二十一日、衆議院議員選挙法の改正案が衆議院を通過し、つづいて法三四号として公布された。現行衆議院議員選挙法を朝鮮、台湾に施行するが、ただし、植民地選出の議員の数をすくなめに抑えるというもので、つぎの内容をふくんでいる。

1、「普通選挙制度を採用せず、二五歳以上の男子にして直接国税一五円以上の納税者にのみ選挙権を付与する」

本国においては、すでに大正十四年に男子普通選挙が施行されていたが、その二〇年後にようやく実施される朝鮮・台湾での選挙は制限選挙であった。余談ながら、日本における女性をふくむ本格的な「普通選挙」は、昭和二十年十二月の選挙法改正で初めて可能になった。

2、選挙区については、「朝鮮の一三道を一三選挙区にし、台湾は三庁を五州に分属せしめて、五つの選挙区にする」

3、「定員は朝鮮が二三人、台湾は五人とする」

住民一〇〇万人について一人の割合で、端数八〇万人以上のばあいにかぎって一人を加える計算である。日本本国では、大正十四年法律第四七号「衆議院議員選挙法」によって定員は四六六人になっており、昭和十七年の翼賛選挙時の人口を基準にしても、一五万六〇〇〇人につき衆議員一人の割合になっている。

つづいて三月二十三日に貴族院において貴族院令が改正され、勅令一九三号で裁可された。その内容はつぎのとおりである。

1、「朝鮮、台湾に在住する者にして名望ある者より、特に勅任せられた者を貴族院議員に加える」

すでに昭和七年に朝鮮人、九年に台湾人の勅選議員が出現しているが、それは天皇の貴族院議員勅任権にかかわるものであって、貴族院令によって、必然的に朝鮮・台湾から勅任しなければならないものではなかった。

2、「朝鮮・台湾に在住する満三〇歳以上の男にして名望ある者を勅任の要件とし、任期は七年とする（第七条）」

3、「第七条による議員数は台湾と朝鮮あわせて一〇人以内とする」

朝鮮には皇族に列された旧韓国王族の貴族院議員がいるが、これらはとうぜん、このたびの院令改正の枠外である。

以上の法令改正を基礎にして、四月一日に朝鮮・台湾住民の国政参与に関する詔書が発せられた。倒閣直前の小磯内閣は四月三日、朝鮮人と台湾人計一〇名を貴族院勅選議員に推薦した。朝鮮人が七名、台湾人は三名であり、これは人口の配分に見合うものである。

台湾人勅選議員になったのは林献堂、簡朗山《かんろうざん》、許丙《きょへい》の三名である。かれらは鈴木内閣の下で開かれる臨時議会に登院する予定であったが、すでに米軍が四月一日に沖縄に上陸しており、戦雲急を告げたためこれを断念し、けっきょく、貴族院に登院することなく終わった。

衆議院のばあいは、日本の敗戦にいたるまでのあいだに総選挙がなかったので、ついに朝鮮・台湾選出の衆議員の誕生をみるにいたらなかった。

六月十七日には保甲制度が廃止され、つづいて皇民奉公会も廃止されたが、これは六月二十三日に公布予定の「国民義勇兵役法」にあわせたものである。同法によって、男子は一五歳から六〇歳、女子は一七歳から四〇歳まで、兵役に服したり、もしくは徴用される。太平洋戦争終戦直後、ルソン島で脱走をはかり、隊長から処刑された一五歳の台湾人少年「西川」は、同法にもとづいて徴集されたのであろう（高宮亭二『ルソンに消ゆ』白馬出版）。六月二十六日には軍によって「国民義勇戦闘隊統率令」が公示され、「台湾国民義勇隊」の結成をみた。これは台湾防衛の実践組織であり、皇民奉公会と保甲制度を代替するものである。

あいつぐ叛乱容疑事件

太平洋戦争中、日本帝国の台湾人にたいする政策は懐柔の方向にむかい、台湾人も戦争遂行に協力したといえるが、それでも台湾総督府の台湾人にたいする疑念は消えず、他方、台湾人のあいだにも不穏な動きがあった。

昭和十六年六月、花蓮港《かれんこう》紅葉谷駐在所が高砂族によって襲撃された。おなじく昭和十六年に、欧清石《おうせいせき》、郭国基《かくこくき》ら台湾南部の有志が蔣介石の国府軍と呼応して、その上陸作戦を助ける計画をしたとの容疑により、一〇〇〇余人が逮捕され、欧は無期徒刑に処された。この事件は俗に東港事件といわれる。当時欧は台南で弁護士をしており、のちにその子息の証言によると、自宅にアマチュア無線のアンテナを張ってあったために疑われたのだという。

昭和十九年には瑞芳《ずいほう》事件というのがあって、鉱山主李建興《りけんこう》が抗日組織をつくったとの咎《とが》で逮捕された。この事件の逮捕者は五〇〇人を越え、そのうち、三〇〇余名が獄死しているが、事件そのものは女性問題で李と確執《かくしつ》のあった警察のねつ造によるものであったといわれる。

同じく昭和十九年に起こった蘇澳《そおう》事件は、台湾近海に出没する米潜水艦に情報を提供したというもので、台湾人漁民七〇余人が逮捕され、全員が獄死した。

これらの事件は荘嘉農《そうかのう》による『憤怒的台湾』(71頁)に記述されているが、真相はまだ究明されていない。台湾日日新報の主筆伊藤金次郎によると、昭和十九年に安藤利吉第一〇方面軍司令官は「台湾の同胞にして万一敵の上陸部隊と呼応疏通し、わが皇軍を背後から衝くが如きことあらんか、事態は甚だ重大ではないか。しかも、私の見るところでは、台湾同胞に対して絶対的信頼を払うだけの勇気と自信はない」と在台内地人有力者に訓示したと記録している（伊藤『台湾欺かざるの記』77頁）。

台湾総督府の狐疑が上述の容疑事件を生んだのか、それともこのような事件が発生したために、総督府当局が台湾人を警戒したのだろうか。日本帝国と台湾人との関係に改善の跡がみられたとはいえ、最後まで心理的牆壁が相互にあったことはたしかである。

こうして台湾人が総督府とのあいだに不満と猜疑、協力と反抗の交差する坩堝《るつぼ》の中をさまよっていたときに、はかり知れない大きな国際的な力が台湾人の将来を決定していた。

運命のカイロ声明

昭和十八年十一月二十七日、ローズベルト米大統領、チャーチル英首相、蔣介石国府委員長がカイロで会談し、連合国の戦争目的として「台湾および澎湖島のような日本国が清国人から盗取したすべての地域を中華民国に返還することにある」という声明に署名した。いわゆる「カイロ宣言」である。

外交は国家同士、政府同士に属することであり、民間人が外国政府にアピールすることが考えられない時代にあって、台湾人政治運動者は米英などの強国に、日本帝国統治下の台湾人が何を望んでいるかを周知さすべき活動をしなかった。かれらとて、列強が台湾の運命を決するとは想像だにしなかったであろう。台湾人の欧米留学生は劉明朝、劉子安《りゅうしあん》、林茂生、黄彰輝《こうしょうき》、廖文奎《りょうぶんけい》、廖文毅《りょうぶんき》など三〇人を超えず、海外渡航もほとんど南洋と中国にとどまり、欧米人の台湾訪問者も多くはなかったことが、台湾人の国際政治への開眼をおくらせた。そして、皮肉にも、清国による台湾の対日割譲と同じく、台湾の「中華民国への返還」も、台湾人のあずかり知らないところで決定されたのである。

躍進の実態

教育・公共事業の充実

ここで五〇年にわたる台湾総督府による建設を総括しよう。

もっとも特筆に値するのは教育施設の躍進であり、最終的には国民学校一〇九九校、中(女)学校四四校、盲啞等各種学校一一校、実業・師範学校計一二二校、専門学校五校、高等学校・帝国大学予科各一校、帝国大学一校という数字にそれが表れている。その結果、昭和十九年には台湾人の国民学校就学率は七一・三一パーセントに達した。

昭和三年に開学し、最終的には文政・理・農・工・医の五学部を擁する台北帝国大学は学生数約五〇〇(昭和十八年)だが、講座数は一一四、教官は助手をのぞいてなお一六三人もおり、学生三人に教官一人という恵まれた大学であった。しかも、教授陣にはそうそうたる碩学がならんでおり、浅井恵倫《はなえ》、岩生《いわお》成一《せいいち》、中村哲《あきら》、植松正、磯永吉、高坂知武《たかさかともたけ》、小田俊郎、森於菟《おと》、杜《と》聰明《そうめい》、金関丈夫《かなせきたけお》、それに若き日の山下康雄、島田謹二の名がみられる（『台湾総督府官制及職員録』昭和十八年版）。なかでも、農学部の高坂教授はこよなく台湾を愛し、第二次大戦後も台湾大学と改名した同大学で長期間講義をつづけたほか、古典洋楽の普及にも尽力した。そして才媛のほまれ高い令嬢は、現地の青年と結婚している。

戦後、台湾人が親日的傾向に転じたのは、かつて自分たちが教えを受けた国民学校をはじめとする各級学校の教師への敬愛の念がそうさせたのであり、それを、「日本の統治がよかったからだ」と曲解する日本人が多いのは、きわめて残念なことである。

教育のほかに、衛生関係の進歩もめざましく、一一の総督府立医院のほか、数多くの私立病院が林立し、開業医は医生をくわえると二八九一人、歯科医は歯科専門人員をいれて六五一人で、台湾の保健・衛生に貢献した。

社会資本（インフラストラクチュア）もみるべきものがある。南北四〇〇キロメートルの台湾を走る鉄道営業線は九〇一キロメートル、概ね狭軌の私設鉄道は営業線六七四キロメートル、専用線は二三五二キロメートルに達した。主要港である高雄と基隆の繋船《けいせん》能力は、一万トン以下の船舶計五九隻、標準荷役能力は計六二一万トンに達し、これは最盛時一億六六七七万円（昭和十六年）にのぼった対外貿易をさばくのに役立った。飛行場は台北、宜蘭、台中、台南（二か所）、台東、淡水、馬公、高雄の九か所に設けられ、昭和十一年から十六年までの短期間ではあるが、定期航空便が飛んだ。

放送局は六か所、電話局数は一九四で、加入者は二万五二〇六戸に達する。

主要市街には水道がひかれ、一五六万人がその恩恵をこうむった。埤圳《ひしゆう》灌漑面積は明治三十八年に二〇万甲であったのが、大正九年に三一万甲、昭和十八年には五六万甲に達し、農産高の増大に貢献した。

発電力は昭和十二年に一七万キロワットであったのが、六年後の昭和十八年には倍増して三五万七〇〇〇キロワットに躍進したが、これは台湾が軍需生産に追い立てられた賜物《たまもの》である（以上の数字は台湾総督府『台湾統治概要』による）。

このように躍進はめざましかったが、多くの矛盾をはらんでいた。台北帝大は農・医学部をのぞけば、ほとんど日本本国人子弟専用の感があり、台北高等学校ですらそうであった。多くの台湾人学生は台湾での高等教育が受けられずに「内地留学」を余儀なくされた。もちろん私立大学に入るのがほとんどで、ことに明治大学、早稲田大学に学んだ人の中から人材が輩出した。本国政府および総督府は意識的に、人文・社会科学を学んだ台湾人を登用しなかったため、東京帝国大学を卒業した台湾人学生（全期をとおして計一三〇人程度）ですら、その多くは官途を閉ざされたままであった。

農業の発展

台湾の経済的躍進はどうか。涂照彦《としようげん》はそれを植民地化過程としてとらえ、つぎの四段階に分けている（涂『日本帝国主義下の台湾』59頁）。
第一段階　明治三十八年ごろまでの期間で、資本主義の「基礎工事」の段階である。
第二段階　大正末期までの約二〇年間で、製糖＝蔗作のモノカルチュア的生産の植民地経済構造に単一化されていく。
第三段階　日華事変前までの約一五年間で、あらたに蓬莱米《ほうらいまい》の大量生産を強いられ、糖米二大移出品を軸とする複合的経済構造、米糖の併存と相克に直面する。
第四段階　とりわけ日華事変の勃発から日本統治崩壊までのほぼ七年間の、軍需的「工業化」推進の段階である。
植民地に単一産品の生産様式をおしつけて多元的な発展をおさえ、その経済的自立をさまたげることによって、政治的独立の芽を未然につみとってしまおうとするのは、植民地支配国に共通した政策である。こういう諸々の植民地を統合して、植民地支配国は総合的に経済発展をとげていくのであり、日本帝国も、定石どおりに事をはこんだわけである。日本本国の工業化にともない、台湾を食糧供給源たらしめるため、米作が奨励された。ところが農地はほぼ一定であるのに甘蔗《かんしや》を植え、また稲もつくるとあっては、糖米の生産がぶつかってしまう。そこで生産性を上げるために灌漑がおこなわれるとともに、生産性の比較的に高い蓬莱米が開発された。
明治三十四年に九九八万石であった玄米年産高は、昭和十九年には二四三三万石に達し、最高は昭和十三年の三一九五万石であった。相克関係にある産糖量は品質の改良を別にしても、明治三十五年に三万トンであったのが、昭和十四年には一一三万トンになった。

これらの数字は可使用地の拡張と無関係ではありえない。明治三十八年に二一・二パーセントにすぎなかった可使用地は、昭和十八年には三五・五パーセントになっている（以上の数字は『台湾省五十一年来統計提要』による）。だが、日本本国大企業による土地の収奪もすさまじく、三井農林会社を筆頭とする一二社だけで六万九八〇〇甲（一甲は〇・九七町）に達した。そのうち、民有地買収による取得は三三・一パーセント、官有地の払い下げ買収は二五・六パーセントで、官有地の払い下げは四一・三パーセントになっている（浅田喬二『日本帝国主義と旧植民地地主制』16頁）。払い下げはいうにおよばず、払い下げ買収にしても価格はいたって低廉であった。

工業生産力の増大

植民地に重工業をおかないのは植民地支配国の定石であり、日本帝国もそれを踏襲した。しかし、日華事変勃発後は様相が一変した。ことに太平洋戦争へとすすむ過程において、原料供給の地理的要因、工業分散の必要性などにより、台湾での工業施設は増加していった。じゅうらいの工業施設といえば食品工業、それも糖業が大半であった。ところが日華事変を契機にして高雄《たかお》、汐止《しおどめ》の製鉄工場を筆頭に、金属・機械器具・化学工業の新設がす

表 10　業種別生産高比較表

年度＼項目	合　計	農　業	礦　業	漁林業	工　業
A（単位百万円）					
大正　4～ 8 年	262.7	144.5	7.2	9.1	101.9
大正　9～13 年	411.5	207.0	12.0	23.0	169.5
14～昭和　4 年	559.0	293.6	16.8	31.8	216.8
昭和　5～ 9 年	525.5	255.8	15.5	26.5	227.7
昭和 10～14 年	901.0	432.9	39.6	41.5	387.0
昭和 15～17 年	1,388.4	576.4	62.8	91.8	657.4
B（比率）					
大正　4～ 8 年	100.0	55.0	2.8	3.4	38.8
大正　9～13 年	100.0	50.3	2.9	5.6	41.2
14～昭和　4 年	100.0	52.5	3.0	5.7	38.8
昭和　5～ 9 年	100.0	48.7	3.0	5.0	43.3
昭和 10～14 年	100.0	48.0	4.4	4.6	43.0
昭和 15～17 年	100.0	41.5	4.5	6.6	47.4

George W. Barclay, *Colonial Development and Population in Taiwan* (Princeton University Press, 1954), p. 38

すみ、紡績・窯《よう》業・製材・印刷の各施設も拡充されていき、昭和十七年には、これらの生産は全工業生産高の五八・三パーセントをしめる食品工業と伯仲した。なかでも、日本アルミニウム株式会社の工場は、昭和電工横浜工場につぐアルミニウム工場であり、花形産業でもあった。

大正十三年に二億円の大台にのった工業生産が五〇パーセント増をみせるのに、昭和十一年（三億一二六一円）まで一二年間かかった。だが、昭和十一年から昭和十七年までの六年間に、倍増して七億円を突破している。もちろん、こんな単純な比較だけでは実態はつかめない。台湾銀行券の発行高は大正十三年では五三〇〇万円であったが、昭和十一年には八三〇〇万円、昭和十七年には二億九三一七万円に増大して、インフレ傾向をみせていた。

しかし、それでも工業生産の増大は明らかであり、それは第一次産業と比較すれば明白である。大正八年ごろの農業生産は工業生産の一・四倍であったが、昭和五～九年には一・二倍にさがり、太平洋戦争前後には逆転してしまった。昭和十五年、つまり一九四〇年代にはいって、台湾の工業生産は農業生産の一・四倍になり、台湾は工業化社会の入口にたどりついたといえる。これは台湾社会にとって大きな意味をもち、いぜんとして農業社会にとどまっていた中国社会との質的相違が、工業化過程において拡大されていったことを意味する。中国のばあいは、一九四〇年当時の中華民国はおろか、一九八〇年代に入った中華人民共和国においてすら、工業生産は農業生産にははるかにおよばないのである。こうした生産形態の相違が、中国人や中国社会とはちがう台湾人としての共同意識《アイデンティティ》を形成する一要素となったことはいなめない。

台湾の工業施設は、昭和十九年末の大空襲で大きな被害をこうむったが、同年三月ごろまでの一年間につぎの規模の主要工業産品をだした（『台湾統治概要』370頁）。

銑　鉄	一五七七トン
石灰窒素	一一三五トン

カーバイト　一一三二トン
酸　素　五九万九四一三立法米
苛性ソーダ　六〇五トン
マグネシウム　四四トン
セメント　三万六七八三トン
耐火煉瓦　一五〇六トン
無水アルコール　一八二四キロリットル
含水アルコール　五〇七七キロリットル
アルミニウム　九八四トン

徹底した財閥庇護

以上にみた産業の発展が、台湾人にも利益をもたらしたことは疑いない。しかし、在台日本人と台湾人とのあいだでパイが公平に分けられたかというと、それはちがう。両者の富の配分は、動産・不動産の所有状況など各方面から総合的に算出しなければ、正確なことはわからないが、一つのめやすとして、預貯金をみてみよう。

昭和十六、十七年度における在台日本人および台湾人の預貯金額は、表11のとおりである。これをみると、在台日本人の数は台湾人の一六分の一にすぎないのに、銀行預金と貯

表11　日・台人預貯金対比表

項目／人別／年度	銀行・貯蓄預金合計		人口	
	在台日本人	台湾人	在台日本人	台湾人
昭和16年	99,137,378	64,356,324	365,682	5,832,682
昭和17年	118,016,851	78,147,204	384,847	5,989,888

（同刊行会『台湾経済年報』第4輯，台湾出版文化株式会社刊，表2，表31に基いて作成）

蓄預金は、台湾人のそれの一・五倍をしめている。単純に計算して、一人あたりの預貯蓄額は二四対一である。台湾における産業振興が誰のためであったか、明らかであろう。

台湾の主要産業は、三菱・日産・三井の三大財閥が牛耳っていたといっても過言ではない。内地人所有の対台湾投資上位二一社の投資総額は四億五五四三万円（昭和二十年）であり、そのうち三菱など三大財閥だけで六二・六パーセントをしめている（涂照彦『日本帝国主義下の台湾』354頁）。これらの財閥が植民地台湾で発展を遂げたのは、台湾総督府の庇護によるものである。この特徴は実に顕著であり、準官報刊行物である『台湾経済年報』でもそれを指摘している（昭和十六年版78頁）。

台湾の富は製糖会社を中心とする工業を壟断《ろうだん》している財閥が牛耳っており、在台日本人は官僚であれ、民間業務にたずさわる者であれ、その生計は必ずしも裕福ではなかった。かれらは持ち前の見栄で派手にふるまうが、台所事情が火の車であったことは大方のみるところであり、経済面ですべての在台日本人が「搾取者」であったわけではないのである。

ついでながら、国政参政権は地域主義にもとづいていたため、本国人でありながら在台内地人は実質的には台湾人と同様にそれがなく、ようやく昭和二十年三月になってから、台湾人とともに、それが与えられた。

これらの観点からみると、在台日本人もそれなりに犠牲者の一面があったのである。

5 台湾総督府の権力

総督執務室（『長谷川清伝』より）

台湾総督の地位

中央主務官庁

台湾総督には任期はなく、歴代総督の在職期間はまちまちで、五代目の佐久間総督のように九年間の長期政権を保ったのもいれば、三か月たらずに終わった一五代目の南総督の例もある。総督の任命にあたっては、必ずしも所定の政策を実現するための人選であったとはいえず、若干の例外をのぞけば、派閥・人脈的要素が大きかったように思われる。

本国政府においては台湾総督府の監督機関たる中央主務官庁があり、それは植民地の拡大、別官庁の増設、植民地政策の改変、内地編入などの理由により、いくどとなく変遷した。主務官庁の名称と、その拠ってたつ法令はつぎのとおりである。

(中央主務官庁)	(依拠する法令)	(管轄地域)
台湾事務局（内閣総理管轄）	明治二十八年勅令第七四号	台湾
拓殖務省	明治二十九年勅令第八七号	台湾・北海道
台湾事務局（内閣総理管轄）	明治三十年勅令第二九五号	台湾

台湾事務局（内務省管轄）	明治三十一年勅令第二四号	台湾
内務省	明治三十一年勅令第二五九号	台湾
拓殖局（内閣総理管轄）	明治四十三年勅令第二七九号	朝鮮・台湾・南樺太・関東州（除く外交）
内務省	大正二年勅令第一一五号	朝鮮・台湾・南樺太
拓殖局（内閣総理管轄）	大正六年勅令第七三号	朝鮮・台湾・南樺太・関東州（除く外交）
拓殖事務局（内閣総理管轄）	大正十一年勅令第四七六号	朝鮮・台湾・南樺太・関東州・南洋群島
拓殖局（内閣総理管轄）	大正十三年勅令第三〇七号	同右
拓務省	昭和四年勅令第一五二号	同右
拓務省	昭和九年勅令第三五三号	朝鮮・台湾・南樺太・南洋群島
内務省	昭和十七年勅令第七二九号	朝鮮・台湾

こうした中央主務官庁によって、台湾総督は指示・監督を受けるほか、台湾総督府首脳は、台湾に関する法律の制定・改正がおこなわれるときや、総督府特別会計について協賛

をうけるために、帝国議会に、政府委員として列席することが習わしとなっている。しかし、台湾総督が政府委員として列席したのは児玉と田健治郎だけであり、その他は民政（総務）長官が政府委員として連なった。総督の権威を保つためであったろうが、定かではない。

朝鮮総督との比較

台湾総督は後述するように、台湾現地では絶大の権力を擁しているが、本国における地位は朝鮮総督の後塵を拝した。

朝鮮はひとつの独立国が日本帝国に併合されたという事情から、その皇帝は日本の宮家に列され、朝鮮を支配する朝鮮総督は格式上、台湾総督の上位にあるとの措置がとられた。両総督とも親任官であるが、台湾総督にはなかった「総督ハ天皇ニ直隷」（明治四十三年「朝鮮総督府官制」）するとの規定が朝鮮総督にあり、それは大正八年までつづいた。だがその後も、「諸般ノ政務」について、内閣総理をへて「上奏ヲ為」す点で、台湾総督にはない地位を朝鮮総督は享受した。こうした事情から、中央主務官庁は同じく両総督を「監督」しながらも、台湾総督にたいしては遵守義務をともなう指示権があるが、朝鮮総督にたいしては必ずしもそれがなく、昭和十七年の「朝鮮総督及台湾総督ノ監督ニ関スル勅令」によって、はじめて指示権を有する法的根拠がうまれた。「内外地行政一元化政策」

の産物である。

人事や栄誉授与の面では、両総督とも判任文官の任免を専行することで同等だが、奏任文官の進退や、所轄文官の叙位叙勲については朝鮮総督のばあい内閣総理をへて上奏できた。ただし、これは昭和十七年の改制によって、じゅうらいからの台湾のばあいと同様に、主務大臣により、内閣総理をへて上奏されることになり、朝鮮総督の優越がとりのぞかれた。

天皇との関係において、両植民地の総督が一貫して同様であったのは、(1)親任官であること、(2)武官総督時代では、委任の範囲内において陸海軍を統率すること、(3)律令（朝鮮では制令と称する）の制定には主務大臣をへて勅裁をうることである。

朝鮮総督の地位が高いことは、宮中席次によくあらわれている。宮中席次は第一階にはじまり、第二階が高等官一等、それから順次に第一〇階高等官九等・勲八等まで計一〇階にわかれ、各階においてさらに細分化されている。最高階である第一階は次のようにわかれる。

第一＝大勲位　第二＝首相　第三＝枢密院議長
第四＝元勲待遇による大臣礼遇者　第五＝元帥・大臣
第六＝朝鮮総督　第七＝首相・枢密院議長たる前官礼遇者

第八＝大臣たる前官礼遇者　第九＝枢密院副議長
第十＝陸海軍大将・枢密顧問官　第十一＝親任官
第十二＝貴族院議長・衆議院議長　第十三＝勲一等旭日桐花大綬章
第十四＝功一級　第十六＝公爵　第十七＝従一位　第十八＝勲一等旭日大綬章

朝鮮総督のばあいは明確に第六に位置づけられているが、台湾総督は明記されていず、はるか下位の第十一親任官の範疇に入っている。国務大臣たる前官の礼遇を受けた台湾総督であれば第八に、そして陸海軍の大将であれば、ようやく第十に位置するだけであって、いずれのばあいも、朝鮮総督の下位にある。

「高等官官等俸給令」（明治四十三年勅令一三四号）に徴すると、両者のちがいはさらに明白である。朝鮮総督の年俸は総理大臣の一万二〇〇〇円には及ばないが、各省大臣と同じく八〇〇〇円であるのにたいして、台湾総督は関東長官と同じく七五〇〇円であった。以下、台湾総督府の諸官はそれらに対応する地位にある朝鮮総督府の官僚にくらべて格式が低い。

植民地においては、台湾総督は朝鮮総督と同様に、行政・司法・立法の三権を享有し、かつ、武官総督時代には同様に、本国の総理大臣すら持たなかった軍事権を享有した。

総督の大権は時代をへるにしたがって縮小されていくが、それでも本国の行政官僚とは異なる存在として、三権を最後まで保持した。
　つぎに、台湾総督の権力について述べよう。

軍事権

軍政・軍令両権の掌握

　日本帝国の軍事制度は、なんどかの改変をへて、日清戦争までにほぼ確立されている。宣戦講和を除く軍事権は軍令・軍政・軍教育の三つにわけられ、それぞれの事項を掌管する責任者が天皇を輔弼《ほひつ》し、天皇に直隷する。
　軍令権――軍隊の指揮運用に関する事項で、統帥権とも称される。参謀総長（帝国全軍の参謀長を兼ねる）が陸軍軍令権、軍令部長が海軍軍令権の面で天皇を輔弼する。
　軍政権――軍の建設、維持、管理に関する事項であり、陸軍大臣は陸軍の、そして海軍大臣は海軍のかかる事項について天皇を輔弼する。
　軍教育権――陸軍練成の斉一を規画し、監軍がこの面で天皇を輔弼する。
　総理は内閣首班だが、右の権限はなく、報告を受けたり、それらのやったことを停止せしめて天皇の親裁をまつだけであり、総理にはなかった権限が総督には中央軍部の下部機構として委任されたのである。

領台当時、樺山総督は軍務司令官を兼任し、「政治大綱」にもとづいて総督府に軍事部をおき、「陸海軍を合一《ごういつ》して本部を置き軍隊要塞憲兵竝《ならび》に艦隊の巡航に関する事務を掌」った。明治二十八年五月に制定された台湾総督府仮条例では、総督を頂点にして、総督府に、民政・陸軍・海軍の三局が設けられた。同年八月六日からはいった軍政期の総督府には、民政・軍務の二局しかおかれていず、「軍務局ハ台湾総督ノ管轄ニ属スル陸海軍政及軍令ニ関スル事ヲ掌ル」(台湾総督府軍務局官制第一条)とされた。翌二十九年三月、台湾が民政下におかれるさいに制定された台湾総督府条例(勅令第八八号)は、台湾総督が軍政・軍令の両権を有することを明確に規定しており、初期武官総督のかかる面での権限規定の原型をなしている。

第二条　総督ハ親任トス陸海軍大将若クハ中将ヲ以テ之ニ充ツ
第三条　総督ハ委任ノ範囲内ニ於テ陸海軍ヲ統率シ……
第五条　総督ハ其ノ管轄区域内ノ防備ノ事ヲ掌ル
第六条　総督ハ其ノ管轄区域内ノ安寧秩序ヲ保持スル為ニ必要ト認ムルトキハ兵力ヲ使用スルコトヲ得前項ノ場合直ニ陸軍大臣海軍大臣拓殖務大臣参謀総長及海軍軍令部長ニ之ヲ報告スヘシ

右第六条第二項の規定は、兵力の使用は軍政にかかわる部分もあるので、陸・海軍大臣および当時の中央主務官庁たる拓殖務省の大臣に報告する必要があるということである。民政復帰の翌年に制定された台湾総督府官制（明治三十年勅令第三六二号）は、前掲の総督府条例を踏襲したほか、軍政・軍令上の措置について、さらに詳しく規定している。また、陸軍教育権も加えられている。

第四条　総督ハ軍政及陸海軍軍人軍属ノ人事ニ関シテハ陸軍大臣若ハ海軍大臣、防禦作戦竝動員計画ニ関シテハ参謀総長若ハ海軍軍令部長、陸軍軍隊教育ニ関シテハ監軍ノ区処ヲ承ク

「区処」とは区分して処置することである。総督府条例では「報告」だけでよかったが、総督府官制では「報告」のほかに軍政は軍務大臣の、そして軍令は中央統帥機関の処置をうけるようになったのである。なお、民政に復帰してからは、軍務局は廃止され、それにかわるものとして陸軍幕僚と海軍幕僚とがおかれた。

文官総督以降の軍事権消滅

台湾総督の享受する軍令・軍政・陸軍教育権は、総督が武官だからこそ授権できたといえる。大正八年、台湾総督府官制が改正され、総督の資格から「陸海軍大将若クハ中将ヲ以テ之ニ充ツ」という制限がとりのぞかれると、文官総督の任命が可能になった。それにともない、軍事権は新設の台湾軍司令官に移った。

台湾総督は、「安寧秩序ノ保持ノ為必要ト認ムトキハ」、自分が軍隊を動かすのではなくて、台湾におかれている「陸海軍ノ司令官ニ兵力ノ使用ヲ請求スルコトヲ得ル」(大正八年勅令第三九三号「台湾総督府官制」第三条二項)のみとなった。ただし、大正八年の改制は武官総督の任命を排除する「完全な文官総督制」ではなくて、いわば「文武総督併用制」であるので、「総督陸軍武官ナルトキハ台湾軍司令官ヲ兼ネシムルコトヲ得」(第四条)るとされている。武官が総督に就任することは法的に可能であり、それが陸軍武官であれば、軍司令官を兼任する道さえ開かれているのである。

この規定は、陸軍武官のみに言及しているが、これは海軍武官の総督就任を予見していなかったからではなく、台湾軍の陸軍としての性格上、軍司令官は陸軍武官であるべきだからである。明石元二郎と安藤利吉は陸軍であったので、台湾軍司令官を兼任することができたし、長谷川清のばあいは海軍であったため、あらためて陸軍の本間雅晴や安藤利吉が軍司令官に任命されたのである。

文官総督は田健治郎以降、中川健蔵まで九代にわたって一七年つづき、このあいだ軍司令官は一三回交替した。軍司令官の在任期間が概して総督に比して短かったこと、台湾軍を動員して鎮圧せねばならないほどの大規模な反乱は霧社事件をのぞいて皆無に等しかったため、台湾軍が脚光を浴びることもなかったことから、台湾軍が過度に横暴さを露呈することはなかった。しかし、それでも両者の権力闘争で「双頭の鷲」の場面もみられた。ただし、それは制度に由来する面もある。

大正八年（一九一九）に軍司令官制度が設けられ、陸軍中将ではなくて、陸軍大将が赴任することもあるので、席次がしばしば問題になり、紛糾がよく生じた（『田健治郎伝』408頁）。台湾現地では総督の地位が高かったが、本国では大将の席次が上だったからである。

抗争はしばしば文官対武官、陸軍対海軍の形であらわれる。とくに蘆溝橋事件後、海軍が華中・華南で活躍したこともあって、陸軍を背景とする台湾軍司令部は、退役海軍大将の小林を総督にいただく総督府の文官と拮抗する姿勢をみせ、しばしば露骨な様相をていした。海軍大将の長谷川総督の時代にいたって太平洋戦争が勃発し、個性がつよく闘争的な安藤利吉陸軍大将（中将から昇進）が台湾軍司令官に就任するにおよんで、軍司令部と総督府、陸軍軍人と官吏、軍司令官と総督の対立は陰湿の度合いをふかめ、ついに長谷川が追われて安藤がその後を襲ったことは既述のとおりである。

行政権

民政（総務）長官の職務権限

台湾総督は中央主務大臣の指示・監督をうけるが、「台湾を管轄」し、「諸般の政務を統理する」、台湾での最高行政権力をもつ行政長官である。以下に、台湾総督の行政権力を行政権、人事権、監督権、命令権、行政処分権を総合して考察するが、最初に民政＝総務長官にふれてみたい。

総督の統轄下にあって、民政部門での最高首脳は民政局長官（明治二十八年）、民政局長（二十九年）、民政長官（三十一年）、総務長官（大正八年）と、その職称がなんどか変わった。

ところで、総督が事故のときに、誰がその職務を代行するのか。明治二十九年（一八九六）の台湾総督府条例では、「総督事故アルトキハ民政局長軍務局長ノ中《うち》官等高キ者其ノ職務ヲ代理ス」（第一二条）とあり、民政局長が総督代理をつとめる可能性があることを示している。しかし、民政局長は文官であるので、総督の職務を代行した場合、武官総督の有する軍事権を享有することができるかどうか、疑問がある。それはできないとみるべきだろう。

しかし、右の規定も同年勅令第九〇号「台湾総督府民政局官制」では姿を消している。民政局官制は、民政局に総務・内務・殖産・財務・法務・学務・通信の七部を置くことを定め（第一〇条）、「局長ハ一人勅任トス台湾総督ノ命ヲ承ケ行政司法ニ関スル事務ヲ整理シ及各部ノ事務ヲ監督ス」（第三条）としている。いいかえれば、民政局長は軍務局以外の各方面で監督権を有するがゆえに、総督に事故があっても、政務および法務の面で支障をきたさないように工夫されているのである。

民政局官制はつぎの年に発布された「台湾総督府官制」（明治三十年勅令第三六二号）によって廃止され、その後、民政局官制はふたたび制定されなかったが、その内容はそのまま「総督府官制」の条文をとおして受け継がれていった。

総督の人事賞罰権

日本本国では明治十九年から、文官は高等官と判任官とに二分された。高等官はさらに勅任官と奏任官に二分され、勅任官のなかに親任官がおかれた。明治二十五年の修正によって、高等官は親任官のほかは九等級にわけ、親任官および高等官一等・二等を勅任官とし、三等から九等までを奏任官とした。

勅任官は勅命で任命するが、親任官であるばあいには、親任式を挙行するのを例とした。

奏任官は内閣総理が奏薦して任命したり、内閣総理をへて本属長官が奏薦し、判任官は本属長官がその任免を専行する。

台湾総督府の組織をみると、総督が親任官、総務長官と大学総長（台北帝大）が高等官二等もしくは一等、総督府本府の局長、地方の州知事、一部の大学教授、それに高級技師がおおむね高等官二等の勅任官である。総督府本府の事務官・技師、地方の庁長、大学教授、州・庁の部・課長は奏任官で、総督府本府の官補、技手、大学助教授から地方の警部は判任官である。本国と同様に、台湾でも技師や大学教授の官等は一般の官僚にくらべて優遇されており、高等官の大半はこういう人たちによってしめられている。

官制上、「総督ハ所部ノ官吏ヲ統督」する関係から、総督は大幅な人事権、賞罰権をもっているが、若干の制限をうける。総督は判任官の任免を専行するが、奏任官の任命において、総督は主務大臣により、内閣総理をへて上奏する。換言すれば、総督が人選にあたり、形式上、主務大臣が首相を通じて上奏するのである。

しかし、こうした制度上のたてまえとは裏腹に、内地人官僚の任命は実に融通無碍《むげ》であり、文官任用令（明治二十六年）があるにもかかわらず、内地で売れ残った者、高等文官試験に不合格だった者を特別任用でどしどし採用した。農商務相秘書官時代、これにも手を染めた早川鉄冶によると、二等属の下級官僚を高等官五等の参事官に抜擢したり、六等を三等に抜擢することをさかんにやったという（安藤元節編『台湾大観』日本合同通信社192

頁)。

総督府においては勅任官の任免についての規定はない。日本本国では、勅任官はがんらい自由任用であり、明治三十二年になってから、親任官と特定の官以外は、勅任官は一定の要件をそなえる奏任官から登用しなければならなくなった。これ以降、台湾においても、歴代民政＝総務長官は大島以降、いずれも資格者である。もちろん高等文官試験に合格して資格者とはなっても、総務長官たるには経歴不足だという人事面での紛争もおこりうる。

ともあれ、台湾総督府においては、総督は勅任官の任命を専行できない。勅任官は本国のばあいと同様に、内閣総理が奏薦し、天皇がこれを任命するということである。

総督は総督府を統督する関係上、任命の形式はともかく、実際には、その意見は重視された。民政＝総務長官の役割は総督の補佐であることから、その任命にあたっては総督の意向は尊重される。だが、必ずしもそうであるとは限らない。要職であるがゆえに、中央の政策的、政略的動向も重要な要素である。

所属の文官の懲戒については、総督がこれをおこなうが、勅任官の懲戒、奏任官は免官に至るばあいのみ、総督は、主務大臣により内閣総理をへて上奏する。また所属の文官の叙位叙勲については、総督は主務大臣により内閣総理をへて上奏する。

なお、州知事や庁長に属する地方官庁の判任官の任免は当初、総督が直接これをおこなったが、大正九年(一九二〇)以降から州に属する判任官は知事が任免し、庁のそれは庁長がこれを総督に具状して決定することになった。

台湾で勤務している軍人軍属の人事賞罰について、文官総督はまったく口をはさむことができなかった、武官総督のばあい、陸軍にかんしては陸相、海軍にかんしては海相の区処を受けることになっている（明治三十年「台湾総督府官制」）。

以上のように、台湾総督はとくに人事面では制約を受けている。しかし、総督の意見は制度にあらわれていないところで、大きく作用したことは想像に難くはない。

命令発布権

台湾総督はまた「総督府令」と称する行政命令を発することができる。これは法律の効力を有する律令（後述）とはべつのもので、本国の省令や勅令にみあうものである。総督府令は総督の職権、または法律、勅令、律令による委任によって発する。総督府令に違反した人にたいする罰則の限度は一年以下の懲役もしくは禁錮、拘留、二〇〇円以下の罰金または科料となっている。

地方官庁も、本国の府・県令にあたる州令、庁令を発することができ、それに違反したばあいの罰則限度は二月以下の懲役、禁錮、拘留、七〇円以下の罰金または科料となっている。

立法権

初期の植民地法制

日本は台湾領有後、ただちに援用できる植民地法を有せず、統治策すら確立していなかった。帝国議会においても必要にせまられて、便宜的に最小限度の立法しかなされず、しかも当初は「政治大綱」にある総督の「臨機専行」にまかせ、総督の意思がそのまま法令の作用をもった。総督が植民地人に示達の必要があるばあいには、総督の布告、民政局あるいは県、市庁の達《たつし》・告示の形でこれを定め、その他多くは行政官の便宜処分をもって対処した（外務省条約局法規課『日本統治下五十年の台湾』57頁）。明治二十八年八月に軍政に移行した時期においては、「日令」と称される軍事命令でもって重要な示達をし、その他は訓令の形によった。

「日令」は軍事命令であるが、軍事関係にとどまらない。純軍事上の命令以外に、過渡期における台湾の民・刑事にかんする規定はかかる「日令」に根源を発したのであり、粗雑かつ苛酷なものであった。

六三法――律令制定権と緊急命令権

明治二十九年三月一日に台湾は軍政から民政にもどり、同月三十日に法律第六三号「台湾ニ施行スヘキ法令ニ関スル法律」が公布された。当時、帝国議会で制定公布された法律は、当該年度をひとつの単位にして、順序どおりに番号を付しており、同法は第六三号にあたるので、それを略して「六三法《ろくさんぽう》」と通称される。

六三法は総督の権力を考察する上できわめて重要であるので、その全文を掲げよう。

法律第六三号

第一条　台湾総督ハ其ノ管轄区域内ニ法律ノ効力ヲ有スル命令ヲ発スルコトヲ得

第二条　前条ノ命令ハ台湾総督府評議会ノ議決ヲ取リ拓殖務大臣ヲ経テ勅裁ヲ請フベシ

台湾総督府評議会ノ組織ハ勅令ヲ以テ之ヲ定ム

第三条　臨時緊急ヲ要スル場合ニ於テ台湾総督ハ前条第一項ノ手続ヲ経スシテ直ニ第一条ノ命令ヲ発スルコトヲ得

第四条　前条ニ依リ発シタル命令ハ発布後直ニ勅裁ヲ請ヒ且之ヲ台湾総督府評議会ニ報告スヘシ

勅裁ヲ得サルトキハ総督ハ直ニ其ノ命令ノ将来ニ向テ効力ナキコトヲ公布スヘ

シ

第五条　現行ノ法律又ハ将来発布スル法律ニシテ其ノ全部又ハ一部ヲ台湾ニ施行スルヲ要スルモノハ勅令ヲ以テ之ヲ定ム

第六条　此ノ法律ハ施行ノ日ヨリ満三箇年ヲ経タルトキハ其ノ効力ヲ失フモノトス

第一条にみられるように、総督は軍事・行政権力にとどまらず、立法権をも手中におさめたのである。たしかに「法律ノ効力ヲ有スル命令」は「台湾総督府評議会ノ議決」を要するとはいえ、評議会そのものは総督自身とその幕僚である民政局長、財務局長、陸軍幕僚参謀、海軍参謀長、事務官六人以内および参事官をもって構成され（明治三十、三十一年に改正）、官僚組織の特徴からいって、頂点に立つ総督の意思が大きく作用することはいうまでもない。たとえ総督が評議会の意見を尊重したとしても、評議会が若干の高級官僚のみによって構成されている以上、それは総督府上層部のごく限られた人たちの合意を得ることでしかない。ここで付記せねばならないのは、総督をのぞく軍部系の評議会員は軍事関係の意見表明が許されるのみであり、民政への容喙は許されなかったことである。総督の発する、法律の効力を持つ命令は中央主務大臣をへて勅裁を乞うことになっているが、遠隔の新植民地の事情に中央が精通しているはずはなく、かかる命令が不裁可になった例は皆無であった。

こうした事前に裁可を要する命令のほかに、総督は緊急のさい、「臨機専行」的に、勅裁手続きをあとまわしにして、命令を発することもできることになっている（第3条）。

第一、三条によって発布された総督の命令は「律令《りつれい》」と称され、法律の効力を有する。総督のこうした立法権力を律令制定権という。

六三法により、総督の命令は、台湾で施行される「法律」としての合法性を得たわけである。もちろん、台湾で施行される「法律」は律令にとどまらない。日本本国で施行されている現行法や将来発布される法律も、台湾で施行されることがありうる。ただそのばあい、その全部または一部を台湾に適用するには改めて勅令で定めることになっている（第五条）。

総督の律令制定権は、当時の日本帝国の法制からみても特異な存在であった。勅令ですら、法律に抵触してはならないのに、台湾総督の律令には、そのような拘束はない。また、本国において、法律に代わりうる命令に緊急勅令があるのみであったが、台湾においては、律令のほかに、天皇の緊急勅令発布権に類似する緊急命令発布権があたえられているのである。もちろん後日改めて勅裁を得る必要があるが、緊急勅令にしても帝国議会の追認という牽制を受けているのである。

六三法の制定過程において、帝国議会は、「同法は議会の立法権を侵害する」という一部議員への妥協策として、これに施行期間三年との期限を付した。したがって、同法は明治三十二年三月三十日に効力を失うはずであった。だが本国政府は延長の必要性を力説し、同法は明治三十二年法律第七号、明治三十五年法律第二〇号によってそれぞれ三か年延長された。

政府は今後は同法を延長しないと言明した。しかし、日露戦争で児玉総督が満州軍総参謀長として出征していることから、総督不在を理由にして、明治三十八年法律第四二号でもって、同法は日露戦争終決の翌年末日まで効力を持続することを立法した。けっきょく同法は、明治二十九年三月から三十九年十二月末日まで、一一年間その効力を持続したのである。

三一法――法律の優位

ひとつの国のなかに、複数の法域もしくは法体系が存在するのは妥当ではない。また台湾人を同化するうえからみても、内地と同一法律を適用すべきであり、あるいは、それまでいかなくても、台湾で施行される法律の制定を総督にゆだねるのは、帝国議会の立法能力を蔑視するものである。こうした観点から、一部の議員は六三法の延長に反対した。しかし、異民族に国法をそのまま適用するのは無謀であるとする政府側の見解が大勢を制し、既述の数度の延長をみたのである。

だが、総督の権限を削減すべきだという声は高まり、また台湾の治安状況は改善されたとの観点から、六三法に代わるべきものとして、明治三十九年（一九〇六）、法律第三一号「台湾ニ施行スヘキ法令ニ関スル法律」が制定され、明治四十年元旦から施行された。それは俗に「三一法《さんいちほう》」と称される。

三一法は基本的には六三法と同じで、総督はいぜんとして律令制定権と緊急命令権を持つ。三一法では総督の律令が「法律の効力を有する」という六三法にみられる規定を欠くとはいえ、運用面ではそのような効力があるとされた。

しかし、三一法によって、総督の立法権が若干削減されたことはたしかである。六三法では総督命令（律令）の抵触に関しての規定はなかったが、三一法では法体系上、総督の命令は本国法律と勅令の下位にあることが明文規定された。総督の命令は「台湾ニ施行シタル法律及特ニ台湾ニ施行スル目的ヲ以テ制定シタル法律及勅令ニ違背スルコトヲ得ス」（第五条）となったのである。なお、これまでに総督が発布した律令は依然として効力を持つとされた（第六条）。もちろん、すでに廃止されたものは、この限りではない。

三一法の施行にともない、総督府は評議会のかわりに「律令審議会」を設置し、じゅうらいの総督府評議会構成人員のほかに、あらたに覆審法院の院長と検察官長と、それに警視総長をメンバーにくわえた。法曹関係者がはじめて律令案の審議にくわわった意味において一歩前進したといえても、民意無視の面では、以前とは変わりはなかった。

三一法は五か年の期限立法ではあったが、同法も少数の期限延長反対者の抵抗を排して、明治四十四年と大正五年にそれぞれ五か年延長され、けっきょく、明治四十年から大正十年末日まで、計一五年間持続した。

法三号――補完的律令

三一法に代わるべく、大正十年（一九二一）に制定されたのが法律第三号「台湾ニ施行スヘキ法令ニ関スル法律」で、それは「法三号《ほうさんごう》」と略称され、翌十一年元旦から施行された。

大正八年に日本帝国政府は台湾人の同化にふみきり、総督府官制面では文武官併用制をとり、同年に最初の文官総督田健治郎の任命がおこなわれたが、法三号はその法的側面をあらわすものである。文物、風俗習慣、民族的差異などを勘案して付与された総督の絶大な権力は、ここにいたって律令制定権の面でも弱められた。

すなわち、台湾においては原則的に日本本国の法律を適用すべく、「法律ノ全部又ハ一部ヲ台湾ニ施行スルヲ要スルモノハ勅令ヲ以テ之ヲ定ム」が前提として第一条に掲げられ、総督の定める律令は補完的性格をもつにとどまるようになった。台湾において法律を要する事項のうち、(1)台湾に施行すべき本国の法律がないばあい、(2)勅令に依り難いばあい、台湾の特殊事情によって必要であるとされる限りにおいて、総督ははじめて律令を制定することができるのである（第二条）。ただし、総督の緊急命令権は従来と同様にすえおかれた。

法三号の施行に対応して、大正十年に改めて台湾総督府評議会が設置された。これは総督府部内高等官および台湾に居住する学識経験者二五人以内（昭和五年以降四〇人以内）の会員で構成され、総督が会長、総務長官が副会長をつとめ、会員は総督が任命し、しかも任期が二年であるにもかかわらず、総督は任期中といえどもこれを解任できることになっており、その地位は不安定であった。評議会自体、総督の監督を受け、総督の諮問に応じ意見を述べるだけであった。総督に「建議」する機能は昭和五年になってから付与され、そして台湾総督府の終焉にいたるまで、評議会は遂に「議決権」を得ることなく終わった。大正十年の評議会拡大再設置を機会に民間人も会員に任命され、台湾在住の日本本国人にまじって、台湾人有力者もその中に加わったが、「御用紳士」としての機能をはたすにとどまった（136頁参照）。かれらにとって、それは一種の個人的名誉、利益追求のための肩書にすぎず、台湾人の権益伸長に貢献したとの記録はない。

立法権行使の実際

以上にみてきたように、総督の律令制定権は、時代が下るにしたがって弱められたが、五〇年にわたる台湾支配期間中、総督はそれを享有してきたのであり、立法権を享有する意味において、本質的な相違はなかった。本国でおこなわれていた三権分立は、同化主義

＝内地延長主義の採用以降も台湾ではみられず、台湾総督はなおも巨大な権力を保持しつづけたのである。

この五〇年のあいだに発布された律令件数は、計四六六件である。そのうち、六三法に依拠するものが一七四件で、年平均一三・六件、三一法に依拠するものが一二四件で、年平均八・二六件、法三号に依拠するものが一六八件で、年平均七件となっている。これらの数字は、年を追うにつれて律令が累積、整備されていったことのほかに、内地法の沿用がすすむにつれて、律令発布の必要性が減少していったことをしめしている。

律令制定権を存分に駆使したのは児玉・後藤コンビであり、とくにかれらの赴任した最初の二年間に五七件も制定している。そのほかに、量的に多い時期として昭和十八年とその次の年があり、この二年間に五九件も制定されている。内地延長主義の進んでいる時期であることを考えると、なおさら奇異にみえるが、これは太平洋戦争の戦局が急を告げていたためである（条約局法規課『台湾委任立法制度』付録二を参照）。

ここで付記せねばならないのは、総督による緊急命令権の行使である。先に措置をとってから勅裁を仰ぐというこの権力を、総督が実際に行使したのは、じつに九回のみである。その内訳は明治二十九年に四回、三十年に一回、児玉・後藤コンビによる四回である。このなかには明治三十一年に発布されて以降、台湾総督府の終焉時まで続いた、苛酷な内容を持つ「匪徒《ひと》刑罰令」（83頁参照）がふくまれている。これら緊急命令のいずれも六三法時代に発せられたものであり、明治四十年に三一法が施行されて以降は皆無である。

明治四十年以降、歴代総督が一度も緊急命令権を行使しなかったのは、通信連絡手段の発達で請訓が便利になり、かつ、海上交通もスピードアップされ、総督府と本国政府の連絡・協議が容易になったことのほかに、歴代の総督がこれを「伝家の宝刀」として秘蔵するにとどめ、むやみにそれを振り回さなかったからである。また発動頻度が少なかったにもかかわらず、緊急命令権が台湾総督府の終焉時まで温存されたのは、最後まで植民地の動向に不安がつきまとったことのほかに、総督の威厳を植民地人にしめしたかったからではあるまいか。

司法権

苛酷な対台湾人刑罰規定

「政治大綱」には司法についての指示はなく、したがって司法上の処断は当初すべて総督の臨機専行にゆだねられた。

明治二十八年（一八九五）十月七日に、「日令」によって「台湾総督府法院職制」が発布され、裁判は法院または法院支部でおこなわれるようになった。

ただし、適用法令は日本本国人と台湾人とでは異なった。たとえば、「日令」によって制定された「台湾住民民事訴訟令」は、日本本国人に関しては帝国民事法規を適用し、台湾人にかんしては旧法である清国法および慣習を参酌して裁判をおこなうことが規定されている。民事上の公平感覚が民族によって若干の相違があるから、これは賢明な措置といえよう。だが刑事裁判に関しては趣きを異にする。台湾人に向けられた刑罰規定は苛酷そのものであった。

台湾人にたいする刑事裁判の規定は、「日令」によってつぎつぎに制定された。たとえば「台湾住民刑罰令」や「台湾住民治罪令」などがそうである。

「台湾住民刑罰令」によれば、同令に正条がない行為であっても、帝国陸海軍刑法および日本本国の普通刑法に正条あるものはこれを罰することができるとし、また「台湾住民治罪令」によれば、憲兵、将校、下士、守備隊長、兵站《へいたん》司令官、地方行政長官、警部が検察官の職務を行使し、その軽度のものは警察署長および分署長において裁判をおこないうるとしている。

右の両令とほとんど時を同じくして制定された「台湾人民軍事犯処分令」は、内容的にすさまじいものである。たとえば、死刑に処される罪状の中には「流言飛語(ママ)ヲ捏造シ、又ハ喧噪呼号シ軍隊・軍艦・軍用船舶ノ静粛ヲ害シタル者」、「鴉片煙及其吸食器ヲ、大日本軍人軍属其ノ他ノ従軍者ニ交付シタル者、又ハ其吸食処ヲ給シタル者」までふくめている。

しかし、いかなる厳しい法令も軍事作戦の名において為される殺戮《さつりく》にまさるものはない。軍政期においては多くのばあい、法にてらして処断するまえに虐殺が法の執行を代行した。それは軍政期にとどまらず、明治三十五年に武力抗日運動が頓挫する時期までつづいている。

裁判官・検察官任命権

もちろん、「司法権の独立」は論外であった。明治二十八年十月、「日令」によって発布された「台湾総督府法院職制」では、法院または法院支部の裁判官はすべて、総督の任命によるとなっている。

明治二十九年五月一日に公布された裁判所関係最初の律令「台湾総督府法院条例」は、「台湾総督府法院ハ台湾総督ノ管理ニ属シ民事刑事ノ裁判ヲ為ス」(第一条)こと、裁判官、検察官のいずれも「台湾総督之ヲ補職ス」(第四、七条)となっている。「補職」とは官吏に職務担当を命ずることである。このように、総督が裁判所にたいして管理権、人事権を行使することを明文規定している。第一条については明治三十一年七月に、「台湾総督府法院ハ台湾総督ニ直属」すると改正されたが、本質に変わりはない。その後、度重なる改正がおこなわれたが、この点は変わらなかった。

総督の司法権はこれにとどまらない。明治二十九年七月一日に発布され、大正八年八月八日に廃止されるまで効力を有した「台湾総督府臨時法院条例」によれば、政府転覆、施政にたいする反抗や暴動、顕官への危害、外患罪、さらに明治三十一年十一月から施行された「匪徒刑罰令」にかかげられている諸罪を処断するさい、必要であれば総督は臨時法院を便宜の場所に開設し、普段の裁判管轄区割りを度外視して裁判所をひらくこともできるのである。

樺山総督は明治二十九年六月二日まで総督の座にあり、任期はわずか一年二か月であったが、台湾総督の司法権のほとんど全部が、その任期中にきずかれたのである。

司法権が総督にあることの当然の帰結として、地方行政官にもある種の司法権があたえられた。明治三十七年律令第四号「犯罪即決例」は、本国の県知事にほぼ相当する庁長に、行政諸規則違反や賭博にかんして三か月以下の刑に処する権限をあたえ、大正九年になると、この権限はさらに下級の郡守、支庁長、警察署長に移行している。

ここで付言せねばならないのは、高野孟矩事件をへて制定された「台湾総督府法院条例」(明治三十一年律令第一六号)により、裁判官の身分が保証されるようになったことである。「判官ハ刑法ノ宣告又ハ懲戒ノ処分ニ由ルニアラサレハ其ノ意ニ反シテ免官転官セラルルコトナシ」(第一五条)、また「判官身体若クハ精神ノ衰弱ニ因リ職務ヲ執ルコト能ハサルニ至リタルトキハ台湾総督ハ高等法院ノ総会ノ議決ヲ経テ之ニ退職ヲ命スルコトヲ得」(第一六条)るにとどまった。換言すれば、台湾総督は、裁判官の任免権を楯にとって裁判指揮をおこなえない建前になったわけである。その限りにおいて、裁判の独立性が認められた。また裁判官自体、法に忠実、かつ廉潔であった。こうしたことが台湾人に「遵法精神」を植え付けるのに一役買っている。「悪法も法」であるという台湾人の「遵法精神」は、第二次大戦後の蔣政権による台湾支配を容易たらしめた。

「台湾の土皇帝」

総督は土皇帝

台湾総督は本国においては主務大臣の監督・指示を受け、その地位は朝鮮総督との対比において、下位にあったが、台湾島内に関する限りその権力は絶大であった。台湾総督は行政・立法・司法の三権を一身にあつめるにとどまらず、天皇の緊急勅令権の台湾版である緊急命令権を享有した。あまつさえ、初期武官総督時代には、制度的に中央軍部に直結し、内閣総理すら享受することのなかった軍事権を持ち、さながら一国の専制君主としての大権を擁していたため、台湾人は総督を「台湾の土皇帝」と称した。「土」とは「地方」のことである。

だが「土皇帝」の権力は終始不変であったのではなく、時期が下るにしたがって、縮小されていったことは既述のとおりである。総じて、初期武官総督時代に総督権力は頂上をきわめたといえる。

文官総督移行期の明石総督は、台湾軍司令官を兼任した関係上、改制にもかかわらず、その権力はいささかの影響をも受けなかった。しかし、田健治郎以降の各文官総督は軍事権を取りあげられ、それだけ権力が小さくなった。それでも田のばあいは、任期の最初の二年間は三一法が存続していたことで、その後の総督にくらべて大きな律令制定権を享受した。

それ以降の総督権限は横ばいをつづけ、後期武官総督長谷川清も例外ではなかった。最後の総督安藤利吉の時代になると、安藤は軍事権を持つようになるが、それはかれが兼任した台湾軍司令官、台湾軍改編後は第一〇方面軍の司令官という、陸軍軍職に由来するものであって、初期武官総督時代のような総督職にもとづくものではない。

巨大な官庁組織

ところで、歴代の総督は「台湾ヲ管轄」し、管轄機関としての総督府を主宰する。統治業務が厖大になるにつれて総督府の機構も拡大されていき、総督府終焉時における機構はつぎのようになっている。

総督

総務長官

- 総督府評議会（諮問機関）
- 総督官房—秘書官室・人事課・審議室・文書課・地方監察課・情報課
- 文教局—庶務係・教学課（含博物館・台湾神社臨時造営事務局）・援護局・国民精神研修所
- 財務局—庶務係・主計課・税務課・金融課・会計課・営繕課
- 鉱工局—総務係・国民動員課・工業課・鉱務課・電力課・土木課・地質調査所

- 法院
  - 高等法院
    - 上告部
    - 覆審部
    - 地方法院
  - 高等法院検察局—地方法院検察局
- 供託局—出張所
- 交通局
  - 総務課
  - 鉄道部—列車課・自動車課・施設課等
  - 逓信部—貯蓄課・航空課・電信電話郵便局
  - 海務部—海運課・造船課・港湾課等
- 港務局—基隆港務局・高雄港務局
- 専売局—塩脳課・煙草課・酒課・各工場等
- 気象台
- 台北帝国大学（含各研究所）・台北経済専門学校・台北工業専門学校・台中農林専門学校・台北高等学校・
- 師範学校（含付属国民学校）
- 図書館
- 少年救護院

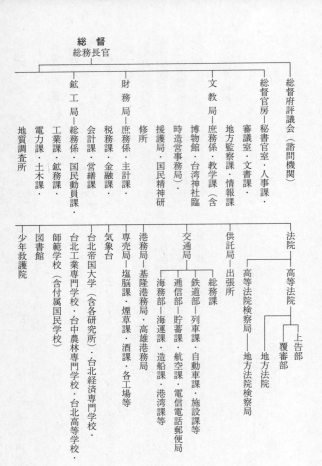

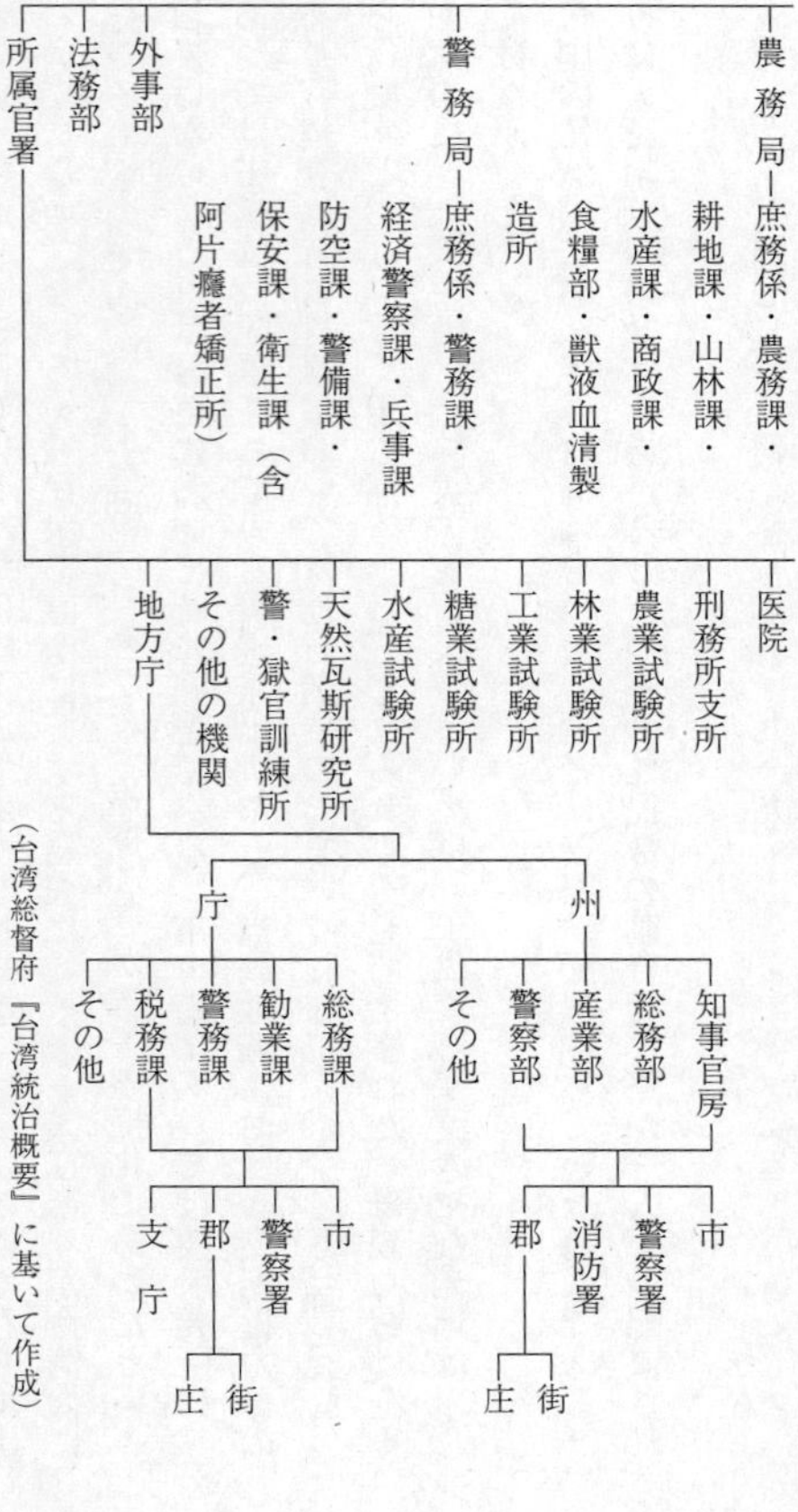

（台湾総督府『台湾統治概要』に基いて作成）

警察は権力の権化

「土皇帝」の権力を反映して、その直属の部下である州知事・庁長は「小土皇帝」としての権力を保持し、それがさらに郡守、はては巡査にまで下っていく。

総督とはいっても、一般民衆にとっては雲上人であり、州知事でさえはるかな存在で実感すらわいてこない。むしろ一般民衆に直かに接する巡査は、その一人ひとりが台湾人にとって総督そのものであり、「土皇帝」であった。巡査こそが総督の権化であったといっても過言ではない。これは村落において特に顕著である。市・街にあっては要所要所に、村落にあっては庄単位に配置されている警察派出所こそ、当該地域における支配権力そのものであり、巡査は特に村落においては地方名士の上をいく存在で、「大人《タイジン》」と称された。かれらは文字どおり「泣く子も黙る」ほど恐れられ、そして憎まれた。母親たちは泣く子をあやすのに「大人来啦《タイジンライラ》！」（巡査がきたよ）といえば、子供たちが泣きやむ光景は珍しいことではなかった。

日本帝国の領域内において、台湾はもっとも稠密《ちゅうみつ》に警察が配置されていた地域である。こころみに大正十一年の数字をあげると、つぎの住民数の割合で警察が一人ずつ配置されている。

台湾　五四七　朝鮮　九一九

樺太	五七二	「内地」	一二二八
関東州	七九七	北海道	一七四三

あれほど「武断政治」だといわれた朝鮮ですら、住民数の比例でいうと、警察の数は台湾の約半分であり、面積で比較すると、朝鮮は一方里につき、警察が一・三人であったのにたいして、台湾のばあいは三・一人であったのである（台湾総督府『台湾現勢要覧』大正十三年版、45頁）。

6 台湾総督府の終焉

日本人の引揚げ

最後まで残った差別

台湾在住日本人の推移

台湾に在住する日本人、いわゆる内地人の人口は多くなかった。昭和十八年で四〇万人弱、台湾総人口六六〇万の六パーセントにすぎない。日本帝国政府は台湾移住者に奨励金をあたえ、内地人村までつくったが、昭和十四年末の段階で内地人村に定着したのは、農民一八四二戸、漁民四八九戸であった（拓務省『拓務要覧』昭和十五年版、549頁）。気候・風土が内地人にあわなかったからであろう。

日本の台湾領有直前、台湾に定住していた日本人はわずか外国人妻二人だけであったが、領有を契機に大挙して移植したとの証拠はない。内地人の台湾自由渡航は、明治二十九年の民政復帰になってからである。最初の一〇年間は、平均して年間五〇〇〇余人の増加をみただけであり、明治三十八年の内地人数は約六万であった。これ以降、明治末期にいたるまで、日本人の台湾流入はつづいたが、大正年間に入って、むしろ本国への逆流現象がみえる。これ以降、在台日本人人口の増加要因になったのは、むしろ台湾で生まれたいわゆる「湾生」たちである。「台湾二世」（湾生）がそのまま定住したとは限らないが、その数は明治三十九年から昭和十八年までの合計で二〇万人を越す（表12）。

台湾における日本人の職業分布を、昭和五年の第三回国勢調査結果からみてみると、表13のとおりである。

表 12　在台日本人人口の推移

年度＼項目	人口	前年比増 2	台湾出生 3	流入増 2−3
明治 28 年				
29	8,633			
30	16,321	7,688		
31	25,585	9,264		
38	59,618	6,253		
39	71,040	11,422	1,922	9,500
40	77,925	6,855	2,277	4,608
41	83,329	5,404	2,419	2,985
42	89,696	6,367	2,661	3,706
43	98,048	8,352	2,967	5,385
44	109,786	11,738	3,464	8,274
45	122,793	13,007	3,665	9,342
大正 2	133,937	11,144	4,115	7,029
3	141,835	7,898	4,372	3,526
4	137,229	−4,606	4,493	−9,556
5	142,452	5,223	4,766	457
6	145,232	2,780	5,426	−2,646
7	148,831	3,599	5,267	−1,668
8	153,330	4,499	5,098	−599
9	166,621	13,291	5,458	7,833
10	174,682	8,061	6,131	1,930
11	177,953	3,271	6,574	−3,303
12	181,847	3,894	6,365	−2,471
13	183,317	1,470	6,620	−5,150
14	189,630	6,313	6,557	−244
昭和 1	195,769	6,139	6,394	−255
2	202,990	7,221	6,473	748
3	211,202	8,212	6,731	1,481
4	220,730	9,528	6,495	3,033
5	232,299	11,569	927	10,642
6	243,872	11,573	7,329	4,244
7	247,569	3,697	7,778	−4,081
8	256,327	8,758	7,979	779
9	262,964	6,597	7,718	−1,121
10	269,798	6,834	7,999	−1,165
11	282,012	12,214	7,918	4,296
12	299,280	17,268	8,538	8,730
13	308,845	9,565	7,733	1,832
14	323,148	14,303	7,976	6,327
15	346,663	23,515	9,394	14,121
16	365,682	19,019	9,906	9,113
17	384,847	19,165	10,990	8,175
18	397,090	12,243	11,471	772

『台湾総督府警察沿革誌』第 2 篇上，239 頁。
『台湾省 51 年来統計提要』76 頁，125 頁。

表13　日本人有業者職業分布（昭和5年）

（職業）	（人数）	（比率パーセント）
農業	四四四九	四・六九
水産業	一六二〇	一・七一
礦業	四一八	〇・四四
工業	一四七八四	一五・五九
商業	一八一三五	一九・一三
交通業	九〇六三	九・五六
官公吏	二一六二七	二二・八一
軍人	六九八七	七・三七
教育	四二四七	四・四八
自由業	九〇〇五	九・五〇
その他	四四六六	四・七一
〈計〉	九四八〇一	一〇〇・〇〇

――『台湾省五十一年来統計提要』（139頁）による。官公吏には法務・宗教関係者をふくむ。

ある特定の時期でもって全期間を類推するのは、必ずしも正確とはいえないが、ひとつの指標にはなるだろう。少なくとも昭和五年の時点でいえば、官公吏・軍人・教育者・交通など、公務にたずさわる者が、日本人の半数近くをしめている。商工業に従事する者、あわせて三分の一強をしめ、農業など第一次産業に従事する者の数は実に少ない。

日本人渡台の動機

では、初期に渡台した日本人はどんな動機によるものだったろうか。明治二十九年七月に、法制局参事官石塚英蔵（昭和四年に台湾総督に任命される）は伊藤総理に提出した報告書において、こう述べている。

「台湾官吏中、台湾経営を以て自任し、埋骨の決心を以て渡航したる人、素よりこれあるべきも、同時に左項に掲ぐる分子無きにあらざるが如し。
一　内地に於て官吏の資格なき者にして彼の地に於て任官の栄誉を得る目的なること。
二　一時官吏たるもその実官吏以外に一攫《かく》千金の投機目的を有すること。
三　俸給を増額し、または恩給を増額するの目的を以て渡航したること。
四　貯蓄（又は負債償却）の目的を以て渡航したるもの。
五　台湾に於て自己の地位を進め、以て内地に転任するの地を為すこと」（伊藤金次郎

『台湾欺かざるの記』243頁所収)。

こうして乃木総督すら、「土匪狩りも必要に違いないが、その前の急務は、官匪じゃ」と嘆いたという。

植民地人にぢかに接する警察については、民政長官後藤新平はこう描写している。

「初め巡査を募った時、どういう風か? 巡査志願者が内地出発の際、大工道具や左官道具を持ってくる。……当初から旅費の官給丈を目的にして来り追出されたら後は大工なり、左官なりをやらう、迚《とて》も御話にならぬ次第でありました。……此一事で万事は明察を請ふ」(後藤新平『台湾植民政策一斑』63頁)。

この現象を初期のことであったとしても、後期の官僚はどうだったろうか。台湾日日新報の主筆伊藤金次郎はこう評している。

「官庁役人は、必ずしもその器材でないものが、日本人の故に指導的ポストを侵占するし、町家では安い日給で台湾民人を家僕に使う」(伊藤、前掲書、175頁)。

「朝鮮台湾樺太南洋群島在勤文官加俸令」によって、内地人官吏のみ加俸され、奏任官以上はおよそ五割、判任官は六割、ときには八割の加俸もあり、宿舎料にくわえて、恩給をもらえるまでの勤続年数は内地の一五年に比して一〇年に短縮されるという好条件である。日本人には多くの美徳があることはよく知られているが、新聞人として台湾で二五年間すごした泉風浪は、台湾在住日本人をこう描写している。

「われらは敢えて台湾に内地人を殖やせとは言わない。唯だ余りにも人間的情操の無い、言はば人間の藻抜けの殻のナンぞ多い事に驚くのだ。右を見、左を眺めても繋がるものは利得の交錯連鎖だ。利あれば蒐まり、利なければ去る。友を売る位はまだ上の部だ。自己を護る為には大恩あるものさえ平気で犠牲に供する。だと言って是等も日本人ナンだ。真逆《まさか》支那海に投げ込む訳にも行くまい」(泉風浪『新聞人生活弐十有五年』282頁)。

台湾語の習得

しかし、異民族を植民地人として支配する日本人側も、それなりの努力をした。二代目の桂総督は、施政方針の一つとして台湾語の習得をあげ、つぎのように述べている。

「地方行政の目的を達するは、人情風俗言語に通ぜざるべからず、故に土人に邦語を学ばしむると同時に、吏員も亦事情の許す限りに於て台湾語を研究するを勉むべし。特に警察官、収税官の如き人民に直接の関係を有するものに於て然りとす」(井出季和太『台湾治績志』254頁)。

その結果、一〇年後の明治三十八年(一九〇五)には、在台日本人の一〇・三パーセントにあたる六七一〇人が台湾語(福佬話《ホーローウエ》、客話《ハクファ》、高砂族の各種言語のいずれか)を「話す」ことができ、しかもそのうちの二〇八人は、それを常用語にしていたという(『明治三十八年臨時台湾戸口調査記述報文』232頁)。「話す」とはいっても、どの程度までかは明らかではないが、台湾領有一〇年にして、このような高率をみせたのは、台湾人の日本語教育が未だに普及せず、日本人の日常生活と公務執行上の必要性にせまられたからであり、必ずしも台湾語を尊重したからではない。

明治三十七年に訪台した竹越与三郎は覆審法院で、複数の通訳がおかれ、日本語から清国官話に、さらに台湾語へと通訳されるのをみた。そこで、不審に思ったかれは、なぜ直接日本語から台湾語に通訳しないのかと当局に質問した。そうすると、「堂々たる天朝の法官が、直ちに従来甚だ軽蔑せられたる土語通訳者と口耳相告ぐるは、其威厳を失墜するものにして、土人をして法廷を尊信せしむる所以にあらず」、裁判官が台湾語通訳官と直話するのはけがらわしいという答えがかえってきたという（竹越与三郎『台湾統治史』310頁）。

これは日本人官吏の台湾語蔑視をしめす事例であるが、清国時代の旧制を踏襲したものであり、第二次大戦後、蔣政権も台湾語を習わない上に、台湾語にかずかずの圧迫を加えている事実にてらすと、台湾語の歴史はそのまま台湾人の受難の歴史であったことがわかる。

ともあれ、在台日本人にして台湾語を「話す」人数と比率は、大正四年には一万六五九一人（一二・二パーセント）、大正九年は一万七二七三人（一〇・五パーセント）になったが（台湾総督府『台湾現勢要覧』大正十三年版、45頁）、その後の数は不明である。日本語の普及で減少したとも考えられるが、「湾生」の増加で、むしろ増えたのではなかろうか。

「内地人」と「本島人」

台湾に産業化をもたらせ、生産力を向上せしめたのは台湾総督府であり、渡台した日本人の努力にあずかっていることは事実である。だが、それだけが発展の原動力だったろうか。

昭和三年から翌年にかけて台湾総督を勤めた川村竹治は『台湾の一年』において、こう嘆いている。

「官吏以外の台湾在住の内地人は、概して無力で、製糖会社や銀行等、相当事業はやって居っても、重役始め、多くは使用人的の地位に立って居る者で、其の財力の上からは、到底本島人と太刀打ちは出来ない……。

台湾に於ける経済界の脊髄になってもらひ度い人物が、多く前記の通りで、頼みとならない許《ばか》りでなく、実業界の第一線に立って、努力しなければならぬ農工商が、真剣でない。農工従事者は、洋服にゲートル位の服装で、指揮や監督はするが、直接の労働者たることを屑《(ママ)》としない。商人も羽織を着て、旦那然と店舗に坐り込んで居る。之が本島人ならば幾万かの資産を持って居っても、手車跣足《はだし》で運搬もすれば、配達もする。之に反して、〔内地人は〕資本は借銭で、懐手で商売をして、内地人団体の相当の娯楽もやれば、衣食住も質素ではない。いざとなればフロックコートを着込んで、公会に出席することを、特権とも誇りとも心得て居る。之では到底相撲にならぬ」(19頁)。

昭和十五年に大阪毎日新聞社は総督府の最高幹部や財界の指導者を集めて座談会を開き、台湾の過去、現在、将来について議論した。その内容を若干ひろってみよう。

後宮信太郎《あとみやのぶたろう》(台湾商工会議所会頭):「天恵に富んでいるところであります。……で私は長い間あちらにをりました体験から申しまして、内地の人達があちらへ行って働くとしても半年か一年経たぬうちに殆んど本島人に負けて仕舞ふ。労働ではとても本島人に勝って行くことが出来ない。」

下田将美（毎日編輯主幹）：「商売をしても労働しても本島人に負けて仕舞ふ、何をしても一寸どうも内地人が伸びて行く手がないといふのはこれはよほど考へなければならぬ問題だと思ふ。」

水津彌吉（台湾銀行頭取）：「生活の方の競争はとてもおよびますまい。」

下田：「現在は仕方がないとして高木さん、如何でせう、台湾の二世は本島人に比べて体質、素質が悪いといはれますが、どうしたらいいか、原因は……」

高木友枝（元総督府衛生局長）：「気候のためといひますが、それだけとは考へられません、親達の心得が悪いんだと思ひますね。…子供にも小さい時から本島人を軽んずるやうなことをさせている、そして自分が馬鹿になってゐる」（大阪毎日新聞社編『南方の将来性』64頁以降）。

台湾人蔑視と差別待遇

台湾の建設が、在台日本人の努力のみに頼ったものではなかったにもかかわらず、支配者としての内地人の台湾人蔑視は無垢《むく》の子にも教えこまれていく。そして、せっかくつくられた中等以上の学校は公平な競争によらないで、こうした「二世」によってしめられた。そして台湾青年は台湾で高等教育を受ける機会が少ないから内地へ行く。ところが泉風浪も指摘しているように、「内地で高等教育を享け、郷土台湾へ帰へって来ると、大手を拡げて待っている筈の仕事は皆無と来てゐる」（泉、前掲書、341頁）。官学万能のためのみではない。台湾人が差別待遇を受け、採用されないからである。

しかし、こうした差別待遇よりも、「蔑視」が台湾人の心を大いに傷つけた。親日知識人たることを自任して一生を終えたある台湾人は、「日本の台湾総督は〝一視同仁〟ひとしく日本人なりと唱えてはいたものの、本島人である我々からみると差別が多く、何んとしても我慢ならなかったのは、正式に日本国籍にある本島人を、中国人に対する蔑称（チャンコロ）で呼ぶ内地人が多かった事である」とその遺稿につづっている（周慶源『台湾人からみた日本人の英知』蔵元文焜発行、59頁）。

「チャンコロ」だけではない。

「儞《リー》や」ということばがある。これはふつう、雇い人、車夫、物売りの人たちに呼びかけるばあいに使うといわれるが、内地人はふだん台湾人に呼びかけるときに平然と使う。

「おい、こら」もよく使われ、また台湾人のことをいうのに「土人が土人が」と頻発するのに台湾人は耐えがたい侮辱の感をおぼえたと、台湾を訪問した衆議院議員田川大吉郎も報告している（田川『台湾訪問の記』127頁）。

こういう傲慢さは地位の高低にかかわりなく、裏長屋のおかみさんまでが尊大な構え方をし、台湾人にたいして傲然たる態度をとった。

内地人の傲慢さと侮辱に心を傷つけられたのは、台湾人大衆のみではない。台湾総督府に奉仕し、内地人にへつらって、富と地位を得た台湾人御用紳士も例外ではなかった。勲六等単光旭日章を得々と胸に着けた辜顕栄は「生意気な本島人」だと新竹支庁の一殖産課員の目に映り、支庁に呼びつけられた（『辜顕栄翁伝』30頁）。またある総督府局長夫人はフランス刺繍の講習会で某「本島人紳士の夫人」にたいして、「あなた方はアチラに席があります」と追いやった（枠本誠一『台湾秘話』109頁）。

こうした事例は枚挙に暇はない。台湾総督府による支配をいささかでも経験したことのある台湾人は、例外なしに、こうした経験をしたはずである。だから台湾語による「内地人」の呼称は「内地人《ルエテラン》」もあるにはあったが、日常的にはそれを使わず、「日本仔《ジブンア》」（日本人）が普通であり、「四脚仔《シーカーア》」（四つ足）、「狗仔《カウア》」、さらには「臭狗仔《chhau-kau-a》」（くさい犬）という怒りをこめた表現になるのがふつうであった。日本人が威張りちらし、よく咆えるからだろうか。ちなみに第二次大戦後、台湾を占領して圧政をしている蔣政権の中国人を、台湾人は、「豚仔《ティア》」と呼んでいる。豚のように貪欲に汚職するからである。

「本島人」を締め出した官庁

台湾総督府は本府はもとよりのこと、州・市・郡の各級官庁にいたるまで、人事面で台湾人を除外した。五〇年にわたる支配期間をとおして、郡守になった台湾人は海山郡守李讃生を含めて四人だけであり、州知事、庁長・市尹にいたっては皆無であった。最末端の行政長官である街・庄の長ですら、ほとんど日本本国人で占められていたのである。

行政機関の首長以外のばあいはどうだろうか。正確さを期するためには昭和二十年八月の職員録に徴すべきであろうが、筆者の資料不足により、こころみに、六六七頁を埋めつくす昭和十八年度の『台湾総督府職員録』からひろうと、教育職と医官とを除外して、台湾人の奏任官以上の官吏はつぎの数名のみである。

総督府書記官	高等官三等一級 勅任官待遇	台南	劉茂雲《りゅうもうん》（豊岡茂雲）
警務局衛生課技師	高等官三等	台中	黄松宮《こうしょうきゅう》
専売局煙草課長	高等官五等六級	台南	林秀旭《りんしゅうきょく》（松林秀旭）
財務局金融課長	高等官五等七級	新竹	林益謙《りんえきけん》（林　益夫）
殖産局商政課事務官	高等官六等八級	台中	張水蒼《ちょうすいそう》（長村蒼樹）

殖産局農務課事務官	高等官七等一〇級	台中	楊基詮《ようきせん》	(小柳基詮)
新竹州産業部長	高等官三等五級	台中	林徳欽《りんとくきん》	(林　恭平)
台北州商工水産課長	高等官五等五級	台南	黄介騫《こうかいけん》	
台東庁勧業課長	高等官七等八級	神奈川	林伯可《りんはくか》	(小田原伯可)
新竹地方法院判官	高等官四等六級	台南		(南郷光輝)
高雄地方法院判官	高等官七等一〇級	台中		(武村銓一)

前述の四人の郡守経験者のうち、劉茂雲、林益謙、楊基詮の三人は右表にふくまれている。台湾人「官吏」のほとんどは臨時職を意味する「雇」であり、嘱託も数は少なく、判任官も寥々《りょうりょう》たるものである。

鉄道省建築技師周頭《しゅうとう》(高等官七等)、京都地方検察庁検事王育霖《おういくりん》のように、日本本国の官庁に勤務した者も皆無ではなかったが、二〇人をでないとみられている。

さらに驚くべきことは、台湾総督府管下、一万一〇〇〇人にたっする警察人員の中に、台湾人の巡査やそれを補助する警手はいても、地方警部はおろか、警部補すら一人もいなかったことである。

ちなみに教育職では台南高等工業学校教授林茂生《りんもせい》の高等官二等があり、また五〇年にわたって台湾人のなかで官階のもっとも高かった台北帝大教授杜聡明《とそうめい》(医学部)の高等官一等六級があるが、教育界とて、台湾人高等官は数あるものではない。七等一〇級の台南高等工業学校教授潘貫《はんかん》、七等待遇の江厝《こうそ》店《てん》国民学校長曾柱《そちゆう》を入れて、教育界では四人しかいない。

公立の中等学校には、台湾人の校長は一人もなく、昭和十八年当時一〇七四校もあった国民学校のうち、分教場を除くと、校長事務取扱をふくめて、台湾人校長はわずかに五人しかいず（前記の曾柱、それに口湖国民学校長吉本興隆、内按国民学校長宮島宏光、大嶼国民学校長高振坤、円頂国民学校長事務取扱藤村晃）、曾柱を別にして、いずれも判任官である。

人材がもっとも輩出している医療界も同様であり、楽生院医長高等官四等五級の広瀬秋濤、花蓮港医院医官高等官七等七級の蘇丁受しかいない。

昭和十八年度における台湾総督府の高等官は教育職その他をふくめて、勅任官九三人、奏任官一三五一人で合計一四四四人だが、そのうち、台湾人は前記の一六人、さらに筆者の調査もれを勘案しても三〇人をでまい。

これははたして、台湾人の知的レベルが低かったからであろうか。

教育差別

昭和十五年まで、初等普通教育をみるに、おおむね内地人子弟は「小学校」に、そして台湾人子弟は「公学校」にというアパルトヘイト、「分離」教育がおこなわれた。もちろん公式には、台湾人にたいする民族差別をうたってはいない。「国語《にほんご》」の能力・程度が違う、やむをえない措置だとされた。

中等教育以上になると、制度上は「内台共学」になる。しかし、実際には「内地人専用」の中学ができあがった。入試で意識的に台湾人応募者をふるい落としたからである。こうした作為により、たとえば台北一中、台中二中、台南一中、台北一高女、台北二高女、台中一高女、台南一高女などは、「内地人中学・高女」の観をていし、台湾人学生がまぎれこんだとしても、せいぜい一クラスに二人か三人しかいなかった。そして締めだされた台湾人学生は、台湾人に開放されたべつの学校に行かねばならなかった。すなわち、台北二中、台中一中、台南二中、台北三高女、台中二高女、台南二高女などである。

どの中学・高等女学校でもそうだが、「一」は内地人用で、台北二高女を別に「二」は台湾人用である。台中だけは例外で、内地人用の中学ができるまえに、教育熱心の林献堂らの努力によって、台湾人用の中学ができ、それで「僭越《せんえつ》」にも「一」を先取りしたわけである。

日本人子弟にくらべて、台湾人子弟の場合は人口が多く、それにみあうだけの数の学校がないため、とうぜん、進学競争がはげしくなる。しかも最初から諦めて応募しない子弟も多いから、「狭き門」めざして集まってくるのは俊才ばかりであり、内地人学生に劣るはずはない。昭和八年を例にとると、中学入試競争率は内地人が二倍で、台湾人は五・四倍であった。それにもかかわらず植民地台湾では、内地人の中学卒業生が、台湾人のそれよりも優れているかのように待遇されていたのである。数字をして語らしめよう。

台湾唯一の高等学校である台北高等学校の、昭和十六年度における学生総数は六二七人、そのうち、内地人は五〇六人で、台湾人学生は一二一人である。また、同年度の台北帝国大学予科の学生総数は一五五人で、そのうち、内地人は一四二人であるのにたいして、台湾人は一三人である。台湾人学生は「敗れる」運命にあったのである。

最高学府たる台北帝国大学はどうか。

同じく昭和十六年度の入学者総数は一〇三人、そのうち、内地人は八六人で、台湾人は一七人である。ことに唯一の人文社会科学系の文政学部入学者は内地人三三にたいして、台湾人は二人であった。台湾人に開放されていたのは医学部であり、入学者二〇人のうち、台湾人は一四人をしめている（『昭和十六年台湾総督府第四十五統計書』372頁）。ただし、医大に向かって殺到する、現在の日本的感覚でこの数をとらえると、たいへんな誤りの元になる。総督府の打算は、医者は政治的に問題のない階層だとしたから門戸を開放したのである。他方、台湾人側の打算としても、社会的地位が高く、平身低頭せずに、かつ、「政治犯」にされずにすむ医者への道は魅力的であった。

ところで中学、高等学校、大学への道を閉ざされた台湾青年は、ほとんどがつぎの教育の段階を断念してしまうが、一部は差別が段違いに少なく、学校数も多い内地に「留学」

表14　内地校在学台湾人学生数

校別＼年度	昭和13年	昭和14年	昭和15年	昭和16年	昭和17年
中学・高女	1,298	1,783	1,699	1,823	1,793
実業学校	352	478	544	634	694
各種学校	765	1,078	1,436	1,675	2,077
高等学校 大学予科	145	177	201	249	258
専門学校	1,250	1,553	1,798	1,992	1,939
大　学	322	377	310	303	330
計	4,132	5,446	5,988	6,676	7,091

する。もちろん裕福でなければできることではなかったし、逆に、裕福であったからこそ、差別を回避できた部分もあったであろう。また、人によっては、たんに裕福なるがゆえに、箔付けのための「内地遊学」をしたかもしれないし、向学心が貧困さを克服しての苦学生もいたであろう。ともあれ、日本帝国の支配末期には、台湾人内地留学生数は上表のように数千に達した（台湾通信社『台湾年鑑』昭和十九年版、505頁）。

五年制の中学をでたら中堅知識人であった時代において、台湾人の人材が払底していたとは考えられない。人材は輩出したが、艱難辛苦を乗り越えて大学を卒業しても、台湾総督府はほとんど採用してくれなかった。台湾における近代的学校教育は台湾総督府の優れた業績であり、これは高く評価さるべきである反面、教育における差別は台湾人人材の成長を抑制し、また仕途面での政策的制限は、若き台湾人学徒の進路決定に自己規制をうながす効果をもち、かような悪循環によって、台湾人の長期的政治人材欠乏の被支配構造が構築されたのである。

五〇年にわたる支配に終止符

日本の敗戦

日本の敗戦にたいする台湾住民の反応はさまざまであった。日本の敗色がきわめて濃かったにもかかわらず、「負けるはずはない」と盲目的に信じていた人たちが相当にいたことは、今日から回想するとじつに不思議である。

それは、「大本営発表」による宣伝の魔術がしからしめた一面もあろうが、その根底には、総督府が「遵法精神」を教育の場をつうじて徹底させることに成功したことが、主たる原因ではなかったろうか。「法は絶対であり、お上のやることは法の具現であって、正しい」と教えこまれた「善良民」は、与えられた法を守り、お上に従った。そして政府のいうように、最終的には本土決戦で〝鬼畜〟米英を駆逐できるだろうと信じた。こうした盲信は、総督府を頂点とする各官庁にとり入っていた御用紳士や、判断力の育っていない少年のあいだに多かったようである。

これに反して、総督府の圧制をひしひしと感じ、台湾人への差別に歯ぎしりしてきた人たちもおおぜいいた。かれらや、比較的高年配の人たちは、正確な予想によるのではなしに、日本の勝利を信じた人びとと同様に、これも希望的観測をこめつつ、日本の敗戦を予想した。

台湾在住の日本人は、大方「帝国の不敗」を信じていたようであるが、これは孜々営々《ししえいえい》と築いてきた財産と地位を守りたいとの一念からであろう。それでも、軍関係者、高級官僚は比較的に正確な情報を得る立場にあったので、沖縄決戦の前後には、敗戦を予想して家族を内地に送還していた者もいた（台湾協会編、刊『台湾引揚史』45頁）。

八月十五日のあのよわよわしい口調の「玉音放送」は雑音にかき消されて聞きとりにくかったにもかかわらず、「敗戦」の報せは全島の津々浦々に伝わった。台湾上空を威圧したB24が低空飛行していたが、警報のサイレンが鳴らないのは、空襲馴れした台湾の人びとにはむしろ奇異であった。戦争が終わったとの安堵感と、それにともなう喜びは将来への不安によって相殺され、全体としてたいした興奮はみられなかった。

在台日本人官兵の不安は大きかったに違いないが、台湾人も不安であった。カイロ声明（通称カイロ宣言）で、台湾は中華民国に返還されることになっているようだが、「祖国復帰」とはいっても、この見たこともない「祖国」について、一般台湾民衆は知識を持っていたわけではなかった。それに、日本が敗れたとはいっても、従来の支配機構はそのままになっており、機能していた。見たところ、変化はさしてなかった。

国府の台湾占領

だが変化は徐々におこった。中国に渡り、重慶政府に協力していた一部の台湾人が、続々と帰台し、「祖国復帰」の歓迎気分を盛り上げるべく精力的にとびまわった。戦争下での官憲の圧迫によって鳴りをひそめていた台湾人政治運動者も、徐々に地上にあらわれはじめた。総督府権力には、もはや昔日の威勢はなかった。

総督府による支配とはいっても、台湾人大衆に直接威圧をくわえたのは巡査であり、ことに戦時経済統制下において猛威をふるったのは経済警察であった。経済警察は昭和十三年にスタートし、物価・物資の統制から労働力の調整、総動員上の物資輸送、貿易統制、暴利行為、奢侈品の売買、生活必需品の配給統制その他について指導取締りをおこなう任務を有し、一般民衆の生活に干渉した。昭和十九年の一年だけでも、経済警察による検挙件数三万四九九一件、検挙人数四万六九九一人に達する（台湾新生報『台湾年鑑』一九四七年版・F25頁）。

古い時代の虐殺圧制にたいする怨恨よりも、最近の不快さが印象深いとみえて、抗日運動者に加えられた弾圧・虐殺にたいする報復はほとんど皆無であった。わずかに時折《ときおり》、台湾民衆が報復的に巡査を殴打するケースがおこっただけである。台湾人は怨恨をこえて、敗者をむしろ憐憫の眼でみていた。台湾人自身が勝者ではなかったから当然といえば当然であろう。

のちに「半山《ブアスア》」（台湾人だが、その心の半分が中国人になってしまっている人）と揶揄《やゆ》されることになる大陸がえりの台湾人は、「台湾人は北京語《ペキンご》が話せない。これから中国時代に入るのだから、国語《ペキンご》を修得しなければならない」と各地を巡回して演説し、重慶国民政府の「勇敢な」抗日運動を吹聴してまわった。

また、重慶国民政府から派遣された工作人員は「台湾は光復《こうふく》した。祖国の懐ろに帰ったのだ。これからはもう二等国民ではなくて、一等国民だ」と宣伝してまわった。「二等」よりも「一等」のほうがよいにきまっている。「同じく漢民族だ」「同胞だ」という呼びかけは、日本統治下で差別されてきた台湾人の耳に心地よく響いた。

統治権力の引き継ぎ

重慶に逼塞《ひっそく》していながら、棚ボタ式に戦勝国になった重慶国民政府の軍事委員会は、陳《ちん》儀《ぎ》大将を「台湾省行政長官兼警備総司令」に任命し、一九四五年九月一日に、重慶に臨事弁公処を開設した。それと同時に長官公署と警備総司令部の合同機関たる前進指揮所をもうけ、陳儀が主任に、そして警総副参謀長范誦堯《はんしょうぎょう》が副主任におさまった。台湾接収と台湾警備総司令部の部隊として、つぎの編成がなされた。

台湾警備総司令部

一　直属部隊――特務団、通信中隊、通信第五区隊
二　指揮部隊
1　陸軍第62軍――第95師団、第151師団、第157師団
2　陸軍第70軍――第75師団、第107師団
3　海軍第2艦隊
4　空軍第22地区司令部
5　空軍第23地区司令部
6　憲兵第4旅団
7　自動車部隊第21旅団
8　兵站

堂々たる編成ではあったが、いかんせん、第二艦隊とはいっても、日本海軍から接収した艦船を動かせる海軍はなく、けっきょく各師団がそれぞれ象徴的な兵員を出し、実質約二個師団を編成し、米空軍機の掩護をうけた三十数隻の米艦船に分乗して台湾に向かった。十月五日、重慶から部下とともに台北へ飛んだ茫副参謀長、十月十七日、基隆に上陸した警総参謀長柯遠芬《かえんふん》のいずれも、米軍機や艦船に頼ったのであり、陳儀長官とて例外ではなかった。

在台日本軍である第一〇方面軍は、すでに九月九日、南京での投降式典に方面軍司令官

安藤利吉が出席して投降を終えたが、十月二十五日、台北市の公会堂（中山堂と改称）であらためて台湾の投降式典がおこなわれた。この式典には各方面から一八〇数人が列席している。

中華民国側――行政長官陳儀、秘書長葛敬恩《かつけいおん》、参謀長柯遠芬《かえんふん》、第一〇軍軍長陳孔達《ちんこうたつ》、第二艦隊司令李《り》世甲《せいこう》、空軍第二二地区司令張柏寿《ちょうはくじゅ》、警総副参謀長范誦尭《はんしょうぎょう》、第一〇七師団長黄某、国民党台湾省党部主任委員李翼中《りよくちゅう》など多数。

台湾人代表――林献堂、陳炘《ちんきん》、杜《と》聡明《そうめい》、羅《ら》万俥《まんしゃ》、林茂生など三〇余人。

連合軍代表――パーカー大佐など一九人。

日本側――台湾総督安藤利吉、参謀長諫山春樹《いさやまはるき》、総務長官代理農商局長須田一二三、高雄海軍警備府参謀長中沢佑《たすく》など五人。

丸腰の安藤総督は、連合国中国戦区最高司令官蔣介石の命を受けた中国陸軍総司令何応欽《かおうきん》によって受降官に任命された陳儀から、降伏に関する「第一号命令」を領受し、つづいて、諫山参謀長が降服文書を陳儀に上呈した。こうして、台湾総督の台湾支配は終焉をつげ、偉容をほこる「台湾総督府」の建物は「台湾省行政長官公署」にかわった。降服式典が終わるや、陳儀行政長官はその場でラジオ放送をつうじて、概略つぎの声明をおこなった。

「本日から台湾は正式に再び中国の領土になり、すべての土地と人民は中華民国国民

表15　台湾関係軍人軍属数

	身分	復員	死亡	計
陸軍	軍人	64,237	1,515	65,752
	軍属	50,918	16,854	67,772
海軍	軍人	14,050	631	14,681
	軍属	47,674	11,304	58,978
合計	軍人	78,287	2,146	80,433
	軍属	98,592	28,158	126,750
	計	176,879	30,304	207,183

（厚生省発表　昭和48.4.14）

政府主権の下におかれた。」

軍事施設の接収は十一月一日からはじまり、翌年一月三十日までつづいた。陳儀は陸軍が三組、海軍が一組、空軍が二組、それに憲兵組と軍政部の計八組でもって、台湾の基地を占領した。接収した主要兵器は、艦船五二五隻、軍用機八八九機、装甲戦車九九輛をふくむ車輛二〇九七輛、高射砲などの砲類二〇三九門、機関銃からピストルにいたるまでの銃類一三万三四二三挺、銃砲弾六八五三万発に達する（台湾新生報社『台湾年鑑』G4頁）。

台湾にかんするかぎり、国府の戦わずして得た獲物は大きかったが、それにもまして大きかったのは三万六〇〇〇平方キロメートルの土地を獲得し、のちに国府の逃げ場になる海上の島嶼を手に入れたことである。そして一九四九年に「長官公署」は、国共内戦に敗れた蔣介石が台湾に逃げこむにおよんで、「中華民国総統府」に衣替えしたのである。国府の高官、董顕光《とうけんこう》は『蔣介石伝』（日本外政学会）で、「勝利によって政府の手に入った今一つの思いがけない遺産は台湾であった」（359頁）と述懐している。

台湾人も敗れた

蔣介石の利得に反して、台湾人は多くの損失をこうむった。日本帝国の軍人軍属（軍夫を含む）として戦病死した三万にのぼる台湾人は、日本本国人とは異なり、なんら補償も受けられずに、かれらの遺族は困窮した。生きて台湾の土を踏むことのできた一七万人は補償どころか、戦地で郵便貯金のかたちで日本政府に託したカネを返してもらえなかった。それのみか、「対中侵略戦争協力者」のレッテルをはられるのを恐れ、戦傷の身をかばいつつ、蔣政権の目を避けて暮らさねばならなかった（台湾人元日本兵士の補償問題を考える会『補償要求訴訟資料』1、2集）。ちなみに厚生省発表の数字は表15のようになっている。台湾人兵士の戦死者が少なかったのは徴兵が昭和二十年になってからという事情によるが、軍夫をふくむ軍属の死亡率の高さは何を物語るのであろうか。軍属の死亡率は二二・二パーセントに達している。もちろん、戦傷病者の数も多く、満足な体で帰還できた者は少なかったようである。役割は異なっても、台湾人軍属・軍夫は日本陸海軍軍人と同様の危険に身をさらしたわけである。だが、かれらは台湾人であるがゆえに、戦後なんら補償も受けていない。

このほかにも、一橋大学経済研究所の分析によると、日本統治時代に、台湾が挙げた貿易黒字は、太平洋戦争前には島民一人あたり二八〇円となり、この値は農業労働者の一年分の賃金にあたる巨額なものである。そしてこの債権は、日本銀行券、国債等によって裏付けられたものにすぎなかったから、事実上日本政府にたいする取立てが不可能であったという（溝口敏行『台湾・朝鮮の経済成長』72頁）。敗戦は日本帝国ひとりではなく、台湾、そして台湾人も敗戦者だったのである。

「日本色」の一掃

ところで、軍事基地の接収と並行して、各地方官庁、公共施設、公共機関、学校、公営企業、日本民間会社の接収がおこなわれた。接収委員会が各地方行政単位にわけて設けられ、委員には「祖国《チュウゴク》」から派遣された官吏や「半山《ファスア》」が任命された。接収した獲物は台湾省行政長官公署の官有物になるが、その一部は中国国民党部の所有になり、また一部は接収委員の私有物と化した。

総督府支配末期の地方行政単位は五州（台北州、新竹州、台中州、台南州、高雄州）、三庁（台東庁、花蓮港庁、澎湖庁）と、それらに管轄される一一市・五二郡・二支庁があったが、数人の郡守をのぞいて、すべてが日本人によってしめられていた。「祖国《チュウゴク》」の陳儀長官は接収が完了すると、州・庁を県にかえ、郡を区に改編し、それぞれの長に中国人と「半山」を配置した。その他の機関の主要ポストもすべて顕官要人の一族が占め、正に「牽親《けんしん》引戚《いんせき》」（一族で固めること）、「一猴昇天、家犬発財」（一人が出世すれば、一族郎党が大金を儲ける）式の軍閥・貪官汚吏《どんかんおり》の様相が呈現された。

台湾の城市の町名は総督府時代に政治的色彩のつよいものに変えられ、樺山町、児玉町、佐久間町、明石町など歴代総督の苗字や明治町、大正町など、天皇の諡号《しごう》を冠したものが多かったが、それらはたちまちにして一掃され、別の政治的色彩を持つ町名が付けられた。道路名も、蔣介石の号（中正）、孫文の号（中山）を付した中正路、中山路や三民主義に由来する民族路、民生路、民権路で氾濫した。

自発的もしくは強制されて名前を日本式に変えた人たちも、名前をもとどおりに変更するのにおおわらわ、大山許丙は元の許丙《きょへい》に、緑野竹二郎は、簡朗山《かんろうざん》に逆もどりした。

日本人の引揚げ

政府機関の接収がすすむにつれ、官吏は日僑と称される一般平民の仲間入りをした。軍人は武装解除後、公共建築物に分住させられたが、これもカーキー色の服を着た日僑である。その数は軍人一六万六〇〇九人、沖縄からの疎開者、官吏をふくめる非軍人が三二万二二五七人で、合計四八万八一六五人である。

軍人は不測の事態をおこす恐れがあるとの理由から、官吏や民間人にさきがけて本国に送還することが予定され、じっさいに昭和二十年十二月下旬から送還がはじまり、翌年二月初めまでにそれを終えた。（森田俊介『内台五十年』49頁）。

官吏や民間人のばあい、長期間にわたる台湾生活に慣れたため、また本国の食糧事情が悪いことや、台湾でほとんど報復されなかったことに鑑み、その半数、約二〇万の人たちは、そのまま台湾に定住したい意向であった。だが、台湾行政長官公署は留用する必要のある人員以外の日本人の滞在を望まず、かつインフレが昂進し治安も乱れてきたため、二十一年の三月ごろからほとんどが帰国を希望するようになった（塩見俊二『秘録・終戦直後の台湾』100頁）。

かれらは当分のあいだ必要とされる教育者、技術人員の一部をのぞいて本国へ送還されることになっていたが、給料収入の途を断たれたので、貯金をつなぎ食いする身になった。家庭用品、書類を道端にならべて、ショボリした姿で安売りする光景が随所にみられた。兵隊が共同してビーフンの屋台をはじめ、武士の商法さながらに、豚肉やラードをたっぷり入れるので、行列ができた。大日本帝国本国人としての矜持《きょうじ》を傷つけるとして、じゅうらい総督府から禁止されていた人力車夫に、身を転じた者もいたという。

権力をもつと鼻持ちならぬ傲慢さを発揮するが、没落すると屈従に甘んずる、これら日本人の潔さが、この期になってはじめて台湾人に好感をもって迎えられた。上司にたいしては手で額をたたきながら追従笑いをし、振りかえりざまに自分の部下をののしる日本人の上下関係のパターンは、いやらしさの典型とされていたが、敗戦後はそれが一転して「潔さ」として台湾人の目に映ったのである。

安藤総督は陳儀長官によって、内地人引揚げ事務をあつかう「台湾官兵善後連絡部」の部長に任命された。連絡部は台北高等法院の裏通りに面した一室があたえられた。法院のこの建物の二、三階は疎開先からもどってきた総督府機関の一部と陸海軍司令部に貸与使用させており、雑然としていた。屈辱感におしひしがれていた安藤総督は連絡部にめったに姿をみせず、謹慎と称して、児玉町の軍司令官官舎に蟄居《ちっきょ》していた。そのため、連絡部は主として、副部長の須田農商局長が采配を振るっていた。

総督に次ぐ立場にある成田一郎総務長官は、戦況の不利をさとり、いち早く日本内地に公用と称して逃げ帰り、「商人」ながら最後まで踏ん張った製糖会社の役員にも劣ると、一部の内地人に誤解され、蔑すまれた。しかし、真相は引揚げ業務打合せのため上京したところ、進駐軍が内台間の飛行を禁止したため、ついに帰台することができなかったようである（森田、前掲書、25頁）。

日本人の送還は、昭和二十年十二月二十五日から始まった。携帯を許されるのは現金一〇〇〇円、食糧若干、リュックサック二つに入るていどの身の回り用品である。もっとも、三〇キログラムの荷物二つを船便で送ることが許されている。

かれらは数十年のあいだ孜々営々として築きあげた財産を、一瞬にして失った。会社、商店、家屋は「接収」と称して、長官公署に没収され、売れ残った家財道具は台湾人知人に寄贈したり、後日に返してもらうとの約束で預けたりした。五〇年にわたる「帝国の夢」ははるか彼方の思い出となったのである。台湾人を搾取して築き上げた財産もあろう。しかし、持ち前の努力に負う部分も相当にあったはずである。だがしょせん、「国家」という得体の知れない存在と一蓮托生の関係にある衆生は、栄枯盛衰の無情さをひとしお感じたに違いない。

日本本国人のほかに、送還の対象になったのは朝鮮人が軍人一三二〇人、非軍人一九四〇人、インドネシア人軍人九五人がおり、あわせて三三五五人になる。

日僑は、軍人戦犯九八人のうち、五五人が飛行機で日本本国に送還されたほかは、すべて船舶を用い、基隆、高雄、花蓮港の三港から出港した。送還作業は昭和二十一年四月二十日に終了し、乗船前に二四二人が死亡、留用者二万七九九五人をのぞいて、この間に日本本国に送還された者は計四五万九九二八人である。

送還業務が一段落したあと、安藤総督、諫山参謀長以下の軍幹部は戦犯として四月十三日に逮捕され、十五日上海に送られた。安藤は上海到着後、隠し持っていた青酸カリで自殺した。毀誉《きよ》褒貶《ほうへん》の多い人ではあったが、任務を達成したうえでの自殺はりっぱである。なお、台湾官兵善後連絡部は二十一年四月十三日に解散され、台湾総督府は同年五月三十一日に勅令第二八七号をもって廃止された。

一九四七年二月二十八日、「二・二八事件」とよばれる台湾人の反乱がおこると、早くも親日に転じている台湾人を日本人が扇動するのを恐れた国府がわは、同年中に留用者のほぼ全員を日本に帰した。

台湾総督府は消えさった。だが新しい行政長官が、異なる国――中国――からやってきた。かれは旧台湾総督府の建物に、あたらしい支配者として鎮座した。装いあらたにした、べつの「台湾総督府」の時代が幕を開けたのである。

主要参考文献（ここに列挙していない参考書は本文中で発行所を明記した）

一、公文書

外務省『日本外交文書』第二八巻（日本国際連合協会　昭和二十八年）

外務省条約局法規課『台湾の委任立法制度』（昭和三十四年）『律令総覧』（昭和三十五年）『日本統治下五十年の台湾』（昭和三十九年）『台湾ニ施行スヘキ法令ニ関スル法律の議事録』（昭和四十一年）

参謀本部編『明治二十七八年日清戦史』第七巻（明治三十九年）

台湾総督府『台湾法令輯覧』（大正十年改版）『台湾総督府警察沿革誌』第二篇上・中・下巻（昭和十三〜十七年）『台湾総督府官制及職員録』（昭和十八年版）『台湾統治概要』（昭和二十年）『台湾統治終末報告書』（昭和二十一年）『台湾現勢要覧』（各年）

二、伝　記

葉栄鐘編『林献堂先生紀念集』全三巻（同編纂委員会刊　一九六〇年）

藤崎済之助『台湾史と樺山大将』（国史刊行会　昭和元年）

渡辺　求『台湾と乃木大将』（大日本文化協会　昭和十五年）

宿利重一『乃木希典』（対胸舎　昭和四年）

宿利重一『児玉源太郎』（国際日本協会　昭和十八年）

鶴見祐輔『後藤新平伝』台湾統治篇上・下（太平洋協会　昭和十八年）
信夫清三郎『後藤新平伯』（博文館　昭和十六年）
三井邦太郎編『吾等の知れる後藤新平』（東洋協会　昭和四年）
台湾救済団編『佐久間左馬太』（台湾救済団　昭和八年）
小森徳治『明石元二郎』全二冊（台湾日日新報社　昭和三年）
田健治郎伝編纂会編、刊『田健治郎伝』（昭和七年）
伊沢多喜男伝記編纂委員会編『伊沢多喜男』（羽田書店　昭和二十六年）
上山君記念事業会編『上山満之進』全二冊（成武堂　昭和十六年）
伊藤隆・野村実編『海軍大将小林躋造覚書』（山川出版社　昭和五十六年）
長谷川清伝刊行会編、刊『長谷川清伝』（昭和四十七年）
下中邦彦編『日本人名大辞典』全七巻（平凡社　昭和五十四年）
橋本白水『台湾の官民』（南国出版協会　大正十三年）
橋本白水『台湾統治と其功労者』（南国出版会　昭和五年）
戦前期官僚制研究会編『戦前期日本官僚制の制度・組織・人事』（東京大学出版会　昭和五十六年）

三、統計・年鑑

台湾総督府『台湾総督府統計書』（各年）
台湾省行政長官公署『台湾省五十一年来統計提要』（一九六九年復刻版）
台湾救済年報刊行会編『台湾経済年報』全四輯（台湾出版文化株式会社　昭和十六〜十九年）

『台湾年鑑』（台湾通信社　昭和十九年）
台湾新生報社編、刊『台湾年鑑』（一九四七年）

四、論　著

浅田喬二『日本帝国主義と旧植民地地主制』（御茶の水書房　昭和四十三年）
伊藤金次郎『台湾欺かざるの記』（明倫閣　昭和二十三年）
伊能嘉矩『領台始末』（台湾日日新報社　明治三十七年）
井出季和太著、刊『興味の台湾史話』（萬報社　昭和十年）
井出季和太『台湾治績志』（台湾日日新報社　昭和十二年）
泉風浪『新聞人生活弐拾有五年』（南瀛新報社　昭和十一年）
王育徳『台湾——苦悶するその歴史』（弘文堂　昭和四十五年増補改訂版）
大阪毎日新聞社編、刊『南方の将来性——台湾と蘭印を語る』（昭和十五年）
加藤邦彦『一視同仁の果て——台湾人元軍属の境遇』（勁草書房　昭和五十四年）
川崎三郎『日清戦史』第七巻（博文館、明治三十年）
川村竹治『台湾の一年』（時事研究会　昭和五年）
許世楷『日本統治下の台湾——抵抗と弾圧』（東京大学出版会　昭和四十七年）
清宮四郎『外地法序説』（有斐閣　昭和十九年）
黄昭堂「日本の台湾接収と対外措置」『国際法外交雑誌』（第六九巻第一〜二号連載　昭和四十五年）
黄昭堂『台湾民主国の研究——台湾独立運動史の一断章』（東京大学出版会　昭和四十五年）

彭明敏・黄昭堂共著『台湾の法的地位』(東京大学出版会　昭和五十一年)
後藤新平著・中村哲解題『日本植民政策一斑』(日本評論社　昭和十九年)
塩見俊二『秘録・終戦直後の台湾』(高知新聞社　昭和五十四年)
杉崎英信編、刊『高砂義勇隊』(昭和十八年)
杉山靖憲『台湾歴代総督之治績』(帝国地方行政学会　大正十一年)
荘嘉農(蘇新)『憤怒的台湾』(智源書局　一九四九年)
戴天昭『台湾国際政治史』(法政大学出版局　昭和四十六年)
台湾人元日本兵士の補償問題を考える会編、刊『台湾人元日本兵士の訴え　補償要求訴訟資料1』(昭和五十三年)『台湾人戦死傷、五人の証言　補償要求訴訟資料2』(昭和五十五年)
台湾人元日本兵士の補償問題を考える会『国会における論議』(昭和五十八年)
大霞会編『内務省史』全四巻(原書房　昭和五十五年)
竹内清『事変と台湾人』(台湾新民報社　昭和十五年)
竹越与三郎『台湾統治志』(博文館　明治三十八年)
涂照彦『日本帝国主義下の台湾』(東京大学出版会　昭和五十年)
東郷実・佐藤四郎共著『台湾殖民発達史』(晃文館　大正五年)
中村哲『植民地統治法の基本問題』(日本評論社　昭和十八年)
春山明哲・若林正丈共著『日本植民地主義の政治的展開』(アジア政経学会　昭和五十五年)
南溟漁人(西村才介)『解剖せる台湾』(昭文堂　明治四十五年)
前田倉吉編『台湾銃後美談集』(同刊行会　昭和十四年)

前田蓮山『歴代内閣物語』全二冊（時事通信社　昭和四十六年）
升味準之輔『日本政党史論』全七巻（東京大学出版会　昭和四十～五十五年）
溝口敏行『台湾・朝鮮の経済成長』（岩波書店　昭和五十年）
森田俊介『台湾の霧社事件』（伸共社　昭和五十一年）
森田俊介『内台五十年』（伸共社　昭和五十四年）
山上北雷著、刊『半世紀の台湾』（昭和三十三年）
山崎丹照『外地統治機構の研究』（高山書院　昭和十八年）
山辺健太郎編『台湾』全二冊、現代史資料21、22（みすず書房　昭和五十年）
劉克明『台湾今古談』（新高堂書店　昭和五年）
枠本誠一『台湾秘話』（日本及殖民社　昭和三年）
鷲巣敦哉『台湾保甲皇民化読本』（台湾警察協会　昭和十六年）

解説

檜山幸夫

本書は、戦後、最初の台湾人研究者による台湾近代史概説書であるとともに、日本統治下台湾史の概説書でもあるが、それだけではなく現代の台湾人が抱いている日本観の基ともなる考え方の原点が述べられていることから、現代台湾を知る重要な文献であるとも言える。それは、現在、もっとも親日的ともいわれる台湾人の対日感情の形成は、日本統治下の台湾の歴史にあっただけではなく、台湾の戦後史に原因していたからにほかならない。それを、台湾総督府による統治という歴史を解くことにより論じたのが本書である。

著者は「はじめに」の中で、「最近刊行されたある学術書は、『日本の植民地』と主題に冠しているにもかかわらず、朝鮮支配と中国侵略の叙述に終始し、台湾を素通りしている」と、日本の歴史学界が「台湾」を無視していることへの疑問が記されている。確かに、当時の日本社会は一九七〇年の国連における中国代表権問題から七二年の日中国交正常化・中華民国との国交断絶という政治的雰囲気の中で、台湾の取り扱いが激変していた。

なかでも、中国史研究者の中国観は極めて特異なものであった。これを、我が国で最も権威ある歴史学会の一つでもある史学会が刊行している『史学雑誌　一九七〇年の歴史学界―回顧と展望―』の「中国・近現代の総論」でみると、そこで取り上げられていた研究課題は、アヘン戦争・辛亥革命・五四運動・中国共産党・汪兆銘政権・中国革命史・中華人民共和国の対外関係史といったものへの論評であって、台湾は全く扱われても触れられてもいなかった。

だが、この七〇年度は戦後の台湾史研究にとって画期的な研究成果が出されていた。それは、本書の著者黄昭堂が『台湾民主国の研究』（東京大学出版会）を刊行し、次いで「日本の台湾接収と対外措置」（『国際法外交雑誌』69-1・2）を発表し、さらに戴天昭も「日清戦役三国干渉と台湾」（『法学志林』66-3）や「仏清戦争と台湾」（同、67-1・2）を発表していたからである。これらの業績を、『回顧と展望』が取り上げ学問的な評価をしたのが、「日本近代史」を担当していた日本史研究者の藤村道生であった。そのなかで藤村は、これらの業績は本来「東洋史において評されるべきであろう」と、中国史研究者の無関心さを批判していた。かかる歴史学界の雰囲気はその後も変わらず、本書『台湾総督府』が刊行されたときの『一九八一年の歴史学界　回顧と展望』には、本書は紹介さえされていなかった。

台湾史研究の先駆者としての黄昭堂は、一九三二年九月二一日に日本統治下台湾の台南州台南市に生まれ、「有仁」と号した。戦後の一九五六年に台湾大学法学院経済学系を卒業し、五八年六月に謝蓮治と結婚して間もない一二月に妻とともに日本に留学し、翌五九年二月に東京大学大学院社会科学研究科国際関係論専攻の研究生となり、後に専門課程に進み、六二年二月に国際学修士号を、六九年三月二九日には社会学博士号を授与されている。この学位記は、東京大学総長事務取扱加藤一郎から授与されたものであるが、そこには「學位記　台湾　黄昭堂　一九三二年九月二十一日生」(『黄昭堂追思文集』、前衛出版社・二〇一二年。なお、ここに掲載された学位記の写真の解説に、国籍を台湾と記した博士号の証書との説明がある)とあり、黄はこの学位記を終生大事にしていたのは言うまでもない。

職歴をみると、一九七〇年一〇月から七五年三月まで聖心女子大学国際関係史兼任講師となり、同年四月に東京大学教養学部国際政治史の外国人講師となり(八三年三月まで)、翌七六年四月に昭和大学教養部政治学教授となり、九八年三月に退職して名誉教授の称号を受けている。

台湾独立運動の主導者としての黄昭堂の活動は、日本留学からである。一二月に東京に着いた黄は、翌一九五九年正月、豊島区千川に住んでいた台南一中の恩師でもあった王育徳のもとを、妻を連れて訪ねている(王育徳『「昭和」を生きた台湾青年』、草思社、二〇一一年・三〇三頁)。その出会いが二人の人生を決定づけることになるが、翌年二月二八日、黄は王育徳・廖春栄・蔡炎坤・黄永純・傅金泉とともに台湾青年社を東京に設立し、四月一〇日には『台湾青年』の第1号を発行し(同上、三〇四頁)、ここに台湾独立運動が始まった。九二年一一月二五日、戒厳令が解除され民主化された李登輝政権下の台湾に妻とともに三四年ぶりに帰国することが出来た。その後、九五年に台湾独立建国聯盟主席となり、陳水扁総統の時の二〇〇〇年五月に台湾総統府国策顧問となっている。この他、二〇〇四年一二月五日に義光教会許承道牧師の下で洗礼を受けている。しかし、二〇一一年一一月一七日に動脈剝離により永眠した。享年七九歳であった(『黄昭堂主席追思紀念冊』、2頁)。

このような著者が、本書を著しそこで主張したかったものは何であったのだろうか。序章のなかの標題に「台湾人意識の形成」と「日本離脱後の台湾」「支配者変われど」があるが、まさに本書の叙述の主題はそこにあった。「台湾住民」がみずからを「台湾人」として明確に意識するのは「日本の支配下に入ってから」であるが、そこでの基本は「台湾人」の形をとったが「中国人」の形をとらなかったことが現代の台湾人の特徴でもあり、その原因を日本時代に求めたのが本書である。それは、決して著者だけの考えではなく、現代の多くの台湾人に共通する意識でもあり、それだけに、本書の意味は大きい。

ここで、本書の学問的位置をみていこう。本書は、題名を『台湾総督府』とあるように、日本統治下台湾史を台湾総督府による統治支配の歴史という視点から捉えようとしたものである。本書の構成は、総論的な序章に続き、前史として、日本による支配を阻止するために漢族系住民が清国からの独立を宣言して台湾民主国を建国し抗日武装抵抗運動を起こしていったことを論じ、次いで本論として台湾総督府の統治時代を武官総督時代・文官総督時代・後期武官総督時代とに分けてその特徴を述べ、纏めとして台湾総督府の権力構造と台湾総督府による支配に対する総括が論じられている。まさに、編年体・記事体・史論体を併用した編集になっているが、この構成は戦前期の台湾史の叙述形式と同じものでもある。

このような、総督の治績を軸に編年的に叙述するというのは、台湾総督府史料編纂委員会の編纂部長持地六三郎が構想した「新台湾史の目録草稿」に見ることができる。この編纂委員会は、大正一一年四月一日の訓令第一〇一号をもって台湾総督府内に設置されたものであるが、そこで示されたのが、前紀として地理・領台以前の歴史を、本紀として樺山資紀総督から田健治郎総督までを二つの時期に分けて叙述するというものであった（拙稿、『台湾史料綱文』下巻解説、成文堂・一九八九年参照）。このような構成をより具体化したのが井出季和太『台湾治績志』（一九三七年・台湾日日新報社）で、それは「歴代総督の治績」「各総督時代に於ける各種事功を叙述」（例言）となっている。このように、総督の治政を軸に支配の歴史を叙述するのは台湾統治史の特徴でもある。

ここで、日本の台湾統治の特徴について簡単に述べることにしよう。先ず、台湾は日清戦争における下関条約によって清国から割譲したもので、それを統治する現地機関として台湾総督府が台北に設置されるとともに、内地には台湾総督府を直接監督指導するための政府機関が置かれた。本書の5にある中央主務官庁がそれにあたるが、目まぐるしく改編されていく状態からわかるように、政府による台湾統治には明確な統治方針もなく極めて不安定であった。それは、台湾統治が外地統治として行われたことに起因している。

日本は、台湾を英国のインド支配のような植民地としてではなく、東アジア世界における伝統的な異域・異民族支配の方式をもって統治しようとして、台湾を帝国の領土に編入しその住民を帝国臣民とするという、内地化を前提とした外地統治の方式をとった。その統治は、憲法の規定にかかわらず議会を排除して中央政府がすべてを直接統括する直轄統治方式によって行われた。それを規定したのが、明治二九年三月法律六三号「台湾ニ施行スヘキ法令ニ関スル法律」(六三法)である。この法律により、台湾に施行する法令については、議会で制定する法律ではなく、台湾総督が発する律令をもって行うとされ、しかも、緊急の場合は天皇の裁可を待たずに独自に施行する緊急律令を発することができるとされていた。この委任立法権を台湾総督に付与したことから、台湾総督には絶大な権力が与えられることになる。しかし、実際にはこの権限は台湾総督が握ったのではなく中央政府が持っていた。それは、律令制定に際しての法的手続きにかかわったもので、総督は律令を制定する際は予め中央主務官庁と折衝し事前了解を得てから律令案を政府に送り、監督省大臣などを通じて閣議に請議され閣議決定後に内閣総理大臣から天皇に上奏し裁可を経なければならなかったからである。このため、総督府の官僚は頻繁に東京に出張していた。つまり、台湾統治政策は東京で決められ台北はそれを執行するだけのものであった。台湾総督は「土皇帝」と称されてはいたものの、実際にはそれ程の権限はなかった。

台湾統治のもう一つの特徴は、異法域統治ということにある。異法域とは、帝国の領土ではあるものの、そこは特別の法域として帝国憲法の全てが適用されないことと、阿片令や臨時法院条例や匪徒刑罰令といった台湾にしか適用しない特別な法令を施行するということになっていた。その理由は、言語・文化・宗教・習慣の異なる二五七万人(明治二九年簡易戸口調査)もの異民族(漢族系と台湾原住民系)に、一括して内地の法令や慣例をそのまま適用することはできないことにある。このような制度となった直接的な理由は、領台時に起こった激しい抗日戦争(日台戦争)にあったが、それでなくとも、領台当時の台湾は土匪が跋扈し、清国植民地時代ですら三年小叛・五年大叛と言われるほど治安は悪く、さらに風土病や伝染病等悪疫が蔓延する蠻烟瘴癘の地でもあった。このため、台湾総督府による統治は強力な警察権力と軍事力を併用した強権的支配を行っていたのである。

日本の台湾統治とは何であったのかを考える際に注目されるのは、台湾総督府が解体されたときに、総督府自らが日本の統治を総括せんとして『台湾統治概要』(昭和二〇年・原書房復刻版・一九七三年）を編纂していることにある。敗戦の混乱の中で解体され終焉をむかえた朝鮮総督府と異なり、台湾の終戦・日本統治の終焉・台湾総督府の解体・引揚は極めて平穏であった。そもそも、台湾における終戦と台湾総督府の解体は、中国国民党政府の事情により昭和二〇年一〇月二五日であった。つまり、八月一五日以降も台湾総督府は存続し台湾は総督府の管下に置かれ通常業務が行われていたのである。その事情を語っているのが、最後の律令となる昭和二〇年律令第七号である。台湾は、依然として日本統治下にあったため、統治者が変更されるということを法的に示す必要があった。このため、総督府はこの緊急律令を発して（敗戦の混乱で日本政府が機能していなかったために緊急律令となった）、敗戦と台湾の中国への譲渡に伴い中華民国政府の発する命令に法的根拠を与える必要から、「中華民国台湾省行政長官ノ発スル命令ニ係ル事項ヲ実施スル為特ニ必要アル場合ニ於テハ台湾総督府令ヲ以テ所要ノ規定ヲ為スコトヲ得」とする法令を発し、次いで同日付府令第一三八号をもって「公私有財産ノ処分等ノ制限ニ関スル件」を布告して、中国政府が求めてきた在台日本人財産の凍結を命令したのである。台湾における日本財産は、官有財産だけではなく一般の日本人の私有財産も接収されたのであった。

なお、著者が「六三法―律令制定権と緊急命令権」で律令や緊急律令が「不裁可になった例は皆無であった」としているが、これは間違いで、緊急律令の本来的意味はこの律令第七号でみられること、さらに律令のなかには実質的に不裁可となり取り消されたものもあったからである。もっとも、著者が誤解したのは、当時、これを示す台湾総督府文書が未公開であったという研究環境に起因していた。それは、巻末に収録されている「主要参考文献」からも見ることもできる。そこには、公刊記録と伝記・統計・年鑑・論著とあり公文書が使われていないように、当時は未だ史資料的限界があった。

さて、日本の台湾統治が台湾にもたらした影響について、著者は先ず教育を挙げている。確かに、台湾総督府は公学校（国民学校）をはじめ、中学校や女学校・盲唖等各種学校・実業学校や師範学校・各種専門学校に台北高等学校や台北帝国大学といったように、近代的教育機関を揃えており、台湾人の就学率も七割を超えていた。また、社会資本にしても、縦貫鉄道をはじめとする鉄道網・高雄と基隆の築港・飛行場や放送局、電話局が整備され、上下水道が完備され、電話が普及し、農村では埤圳灌漑が潤いをもたらし、さらに日月潭電源開発による電力供給による工業化といったように、当時、台湾は近代的な都市と豊かな農村に近代的産業構造をもった社会空間を醸し出していたのであった。それは、台湾総督府による統治政策の成果と評価できよう。それを踏まえた著者は、昭和一五年「台湾は工業化社会の入口にたどりついた……これは台湾社会にとって大きな意味をもち、いぜんとして農業社会にとどまっていた中国社会との質的相違が、工業化過程において拡大された」（196頁）、それが戦後の台湾人の中国観となっていったとする。

勿論、著者はそれは飽くまでも中国・中国人との関係性の中で論じたものであって、日本統治を無批判的に称讃しているわけでもなければ、日本の支配を容認しているわけでもない。皇民化政策が強力に進められた台湾人社会には、改姓名はもとより、なかには「内地人まがいのアクセント」をあやつり「知識人振り」を得意がる者（173頁）も出てくるといった状況を批判的に論じている中にみることができる。

そもそも、台湾人意識の形成にとって重要な役割を果たしたのは台湾議会設置請願運動であるが、その基となるのが民族意識と共に政治的権利と自治権の獲得という民主主義の原則であり、それが日本統治期に醸成されたものであった。それが、戦後、「中華民国が台湾を占領」し台湾総督府以上の強権的政治であったことと、貪官汚吏、汚職腐敗といった状況とが重なり台湾人社会に憤懣が鬱積し、外省人と呼ばれた大陸から来た中国人への反撥を強めていった。このような状況から、日本時代と中華民国時代とを比較する意識が芽生えるなかで、「中国および中国人への袂別を意味する台湾民族論が加速していく」（序章）ことになる。台湾人にとって、台湾総督府は日本時代を懐古する対象としてではなく、中国国民党や中華人民共和国の支配を比較するためのものとしての役割を担っているといえよう。

もっとも、ここでの台湾人とは漢族系住民のことで、戦後蔣介石と共に移住してきた中国人（外省人）と、清国が化外の民とした台湾原住民は含まれていない。そもそも、台湾は台湾原住民の島で、初めてオランダ人が植民地として支配してから、スペイン・鄭氏王朝・清国・日本・中華民国と、外来者による植民地支配を受けてきた。その台湾も、一八九五年から中国とは異なった社会と文化を育み、さらに一九四九年以降は宗主国を持たない外来者による支配下に置かれるようになるなかで、独自の空間を形成していった。それは、本省人と呼ばれた漢族系住民と、台湾で生まれ台湾人化した外省人系住民とが、台湾現住民として台湾人意識を抱き台湾を築き上げようとしていたことで、それが二〇一四年のヒマワリ運動となっていったからである。この現実を見るとき、本書の持つ現代的意味の重さを理解することが出来よう。

本書は一九八一年四月一五日、教育社から刊行された。本文庫はその新装第五刷に拠っている。

ちくま学芸文庫

台湾総督府《たいわんそうとくふ》

二〇一九年六月十日　第一刷発行

著　者　黄昭堂（こう・しょうどう）

発行者　喜入冬子

発行所　株式会社　筑摩書房
東京都台東区蔵前二―五―三　〒一一一―八七五五
電話番号　〇三―五六八七―二六〇一（代表）

装幀者　安野光雅

印刷所　株式会社精興社

製本所　株式会社積信堂

ISBN978-4-480-09932-7 C0121